公司股权设计与股东权利保护

徐京 著

机械工业出版社
CHINA MACHINE PRESS

本书从投资前的股权设计、出资中的股权保护、投资后的股权管理三个角度，全周期、极系统地讲述了股权合作谈判中的各种思路，有可能会损害股东利益的各种套路，股东合法、有效地保护自己的各种策略。对于投资者、企业家格外关注的分红权、知情权、投资退出、企业控制等问题，本书从实务角度详细介绍了解决方案和实施路径。本书全面遵循新公司法的规定，并配以经典翔实的案例，旨在提供专业的知识和实用的建议，揭示如何规避股权风险，实现企业的健康发展。无论是初创企业的创业者，还是成熟企业的管理者，抑或是投资者，都能通过阅读本书受益。

图书在版编目（CIP）数据

公司股权设计与股东权利保护 / 徐京著. -- 北京：机械工业出版社，2025.3. -- ISBN 978-7-111-77971-1

I. F271.2; D912.290.4

中国国家版本馆 CIP 数据核字第 2025X9K385 号

机械工业出版社（北京市百万庄大街 22 号　邮政编码 100037）
策划编辑：石美华　　　　　　　　　责任编辑：石美华　周思思
责任校对：赵　童　马荣华　景　飞　责任印制：刘　媛
三河市国英印务有限公司印刷
2025 年 6 月第 1 版第 1 次印刷
170mm×230mm・15 印张・1 插页・150 千字
标准书号：ISBN 978-7-111-77971-1
定价：89.00 元

电话服务　　　　　　　　　　　网络服务
客服电话：010-88361066　　　　机　工　官　网：www.cmpbook.com
　　　　　010-88379833　　　　机　工　官　博：weibo.com/cmp1952
　　　　　010-68326294　　　　金　书　网：www.golden-book.com
封底无防伪标均为盗版　　　　　机工教育服务网：www.cmpedu.com

FOREWORD ▶ 推荐序

股权设计与管理的指南

在商业世界中,股权关系是实现控制权合理分配和保障股东权益的基石,是优化公司治理与防范运营风险的前提,是吸引投资和人才的重要条件,如同企业的命脉,深刻影响着企业的发展与稳定。徐京的《公司股权设计与股东权利保护》,涵盖了投资前的股权设计、出资中的股权保护及投资后的股权管理等多个方面的内容。从股东合伙前应知应会的股权设计,到全发展周期的企业控制术,再到股东投资退出的约定等,他都以翔实的案例和清晰的逻辑,为我们揭示了股权运作中的种种奥秘。本书是一本为投资者和企业家们提供宝贵经验的著作,深入浅出地剖析了股权设计与管理的各个关键环节,具有极高的实用价值。

在投资前的股权设计部分,通过对表决权重要比例的分析,以及对股权结构设计和谈判思路的探讨,让读者明白如何构建合理的股权结构,以实现大股东的控制权优先,同时保障小股东的权益。在案例中,我们看到了不同股权结构对公司治理的影响,以及大股东如何通过协议控制和架构控制等方法，实现对股东会和董事会的有效掌控。

在出资中的股权保护部分，强调了股东投资安全的重要性，详细解读了有限责任的本质，以及股东如何预防从承担有限责任转为承担无限连带责任。同时，本书通过对知识产权出资、劳务出资等实际问题的探讨，为读者提供了正确处理出资问题的方法。这对于保护股东权益，确保公司资本充实具有重要意义。

在投资后的股权管理部分，对股东投资的退出约定提供了具体的指导，包括如何约定退出的触发条件、购买价格和方式等。这些内容对于解决投资过程中可能出现的僵局，保障投资者的权益至关重要。此外，股东协议和公司章程的拟定部分，明确了两者的法律效力和相互关系，为公司的规范治理提供了有力的依据。

本书是一本不可多得的股权领域佳作，它以诙谐幽默的口吻、经典翔实的案例，不仅为读者提供了专业的知识和实用的建议，还帮助读者规避股权风险，实现企业的健康发展。无论是初创企业的创业者，还是成熟企业的管理者，抑或是投资者，都能从本书中受益匪浅，相信它一定能成为企业家和管理者在股权领域的得力助手。

戴琼

北京中崇信会计师事务所主任会计师

北京市工商业联合会第十四届执行委员

PREFACE ▶ 前言

本书的缘起

从 2015 年开始,股权激励和股权设计类的课程忽然大火。那个时候,我讲授股权课程已有几年,认为该课程只是众多管理课程中普普通通的一门而已。为什么 2015 年之前,这类课程并不火爆?我琢磨,大概有两个原因:第一,中国经济发展速度很快,机会太多了,老板一个人的能力和魅力完全搞得定公司的大小事情。其他人,执行即可。但现如今,单打独斗的时代恐怕已经结束了。第二,很多老板经历过太多的合伙,也经历了太多的股东纠纷,他们害怕自己赖以求存的"大本营"不分则已,一分就散。曾有一个青岛的老板给我讲,股权等于控制权,不可分割。实际上,他的意思是,自己不是不愿意分红,而是不愿意分权。

但问题是,该分还是得分。更何况,股权设计的问题又何止出现在股权激励操作这个领域?创业的合伙人之间会不会涉及股东关系、股权设计?股权融资大股东要不要保证控制权和管理权?小股东参股要不要保证知情权和分红权?

再琐碎一些。你出钱，别人出知识产权，如何进行股权谈判？这不也是股权问题吗？如何正确、合法地处理劳务出资？这不同样是股权问题吗？

再联系现实。2024年7月1日，新公司法正式实施，各类股东的"游戏"规则重新建立，那对新公司法不熟悉的人，又应该如何商讨约定？如何将新的"游戏"规则落实在章程和协议之中？

简而言之，本书是一本揭示股权设计思路、梳理股东"游戏"规则的避坑宝典。

本书的特点

在本书写作之初，我定下了几个"力求"。

第一，叙述语言上我力求通俗易懂。我相信许许多多的商业人士一定对股权问题有很多疑惑，但被隔离在股权知识的大门以外。我期望，他们能通过阅读本书了解股权知识，并对他们的商业决策起到积极作用。

第二，内容设计上我力求系统性并且前后关联，最终目的是能帮助你将种种复杂的股权"游戏"规则，切实地约定在章程和协议中。

第三，案例设计上我力求实用和通用。创业企业和规模企业在公司治理和股权设计上有一些通病，这些通病能不能避免，是我写书思考的方向。

最重要的是，本书结合新公司法来谈股权规则。因此，想掌握新公司法中的股权规则，又不想通读公司法的人，可以阅读本书。

本书的所得

本书从投资前的股权设计、出资中的股权保护、投资后的股权管理三个角度，全周期、极系统地讲述了企业合作中谈判的各种思路，揭示了侵害股东利益的各类套路，也展示了股东保护自己的各类策略。对于投资者、企业家关注的分红权、知情权、投资退出、企业控制等问题提出了解决方案和实施路径。

第一部分是投资前的股权设计，分为两章。

第1章 股东合伙前应知应会的股权设计。这一章又分为两部分内容，第一部分内容讲述了新公司法下表决权的"游戏"规则。第二部分内容着重叙述股权结构设计和谈判如何实践落地，并提出了实践中我认为股东合作的最佳结构以及不同商业情况下股权架构的谈判思路。

第2章 全发展周期的企业控制术。本章旨在讲清楚怎么在一家公司发展的全周期帮助大股东控制公司，预防创始人被投资机构驱逐。

第二部分是出资中的股权保护,分为三章。

第 3 章 安全第一:股东的风险隔离。该章重点关注股东应该如何理解自己的有限责任,家族企业应该如何根据新公司法的规定做到有效的风险隔离,而不是将前几十年的努力毁于一旦。

第 4 章 合伙赢天下:股东的分红设计。这一章谈的是股东最感兴趣的分钱问题,包含分钱的"游戏"规则、分钱的权利保护,尤其是小股东,因为投资经常分不到红,最终一怒之下告上法院,却未必能得到他想获得的判决。这一章将讲解如何在出资中谈好分红规则。

第 5 章 知根知底,不欺不瞒:股东的查账约定。股东如何行使查账权,新公司法对于查账权的内容有哪些改动,就记录在该章。

第三部分是投资后的股权管理,分为两章。

第 6 章 进退自如:股东投资的退出约定。投资固然是为了取得收益,但取得收益的毕竟是少数公司。投资者在投资之前,是否应该向专业的投资人学习?专业投资人的思考方式是先考虑退出,再倒过来考虑投资,而不是相反。这一章将教会你思考"退出"或者思考所谓"退股"。

第 7 章 股东权利要落实:股东协议、公司章程的拟定。股东约定、合伙设计最终必须落实在文字中。如何落实?落实在哪里?章程和协议有哪些不同？章程和协议的法律效力和效力边界在哪里？我写入了该章。

本书的期望

懂得合作的游戏规则，才能挣得合作的钱。

睿智的你，一定能通过阅读本书充分利用这些规则。

目录 ◀ CONTENTS

推荐序
前言

第一部分　投资前的股权设计

第1章　股东合伙前应知应会的股权设计 /2

1.1 表决权重要比例 /3

　　1.1.1 有限公司的表决权"游戏"规则 /4

　　　　1.1.1.1 重要表决权比例 /4

　　　　案例1-1 需67%表决权通过的事项能否通过修改章程
　　　　　　　　改为51% /6

　　　　案例1-2 为什么67%的表决权被称为绝对控制权 /7

　　　　1.1.1.2 应避免表决权不良结构 /9

　　　　案例1-3 某公司谁说了都不算 /9

　　1.1.2 股份公司的表决权"游戏"规则 /11

　　　　案例1-4 召集股东会会议的权利到底有什么用 /13

　　　　案例1-5 宝万之争精彩的治理程序演示 /18

　　1.1.3 隐性风险：占股10%的股东 /22

　　1.1.4 新公司法对股东表决权的重大影响 /23

1.2 股权结构设计和谈判如何落地 /24

1.2.1 实践中股东合作的最佳方案 /25
　1.2.1.1 大股东应当一股独大 /25
　1.2.1.2 大股东控制权优先，其他股东退出权优先 /26
1.2.2 股权结构的谈判思路 /27
　1.2.2.1 明确商业模式 /27
　案例1-6 路径选择决定比例 /27
　1.2.2.2 尽量公正评估股东资源的重要性 /29
　案例1-7 如何评估各方股东资源 /29
　1.2.2.3 股权结构动态调整 /31
　案例1-8 商业模式不明确如何进行股权结构谈判 /32
1.2.3 股权结构不良，怎么处理 /33
　1.2.3.1 方式一：退出方式，提前设置 /33
　案例1-9 某互联网停车公司股东的退出约定 /33
　1.2.3.2 方式二：对赌约定，动态调整 /34
　1.2.3.3 方式三：提前设置优秀的治理结构 /35
　案例1-10 某公司创始人参加自家公司年会被拒之门外 /37

第2章 全发展周期的企业控制术 /41
2.1 企业控制术一：股东会控制术 /43
2.1.1 表决权的同股不同权如何设置 /43
　2.1.1.1 新公司法新增的股东表决权内容 /43
　案例2-1 一人一票的表决权举例 /45
　2.1.1.2 AB股及优先股 /46
2.1.2 以协议控制股东会 /50
　2.1.2.1 经典控制协议：一致行动人协议 /50
　案例2-2 一致行动人协议的作用 /51
　案例2-3 一致行动人协议隐藏实际控制人 /52

2.1.2.2 经典控制协议：委托代理表决权协议 /53

　　　2.1.2.3 经典控制协议：股东会的"一票否决权" /54

　2.1.3 股权架构控制法 /55

　　　2.1.3.1 金字塔架构控制 /55

　　　案例2-4 金字塔架构的杠杆控制 /56

　　　2.1.3.2 无主公司架构控制 /56

　　　案例2-5 无主公司杠杆架构 /56

　　　2.1.3.3 有限合伙企业架构控制 /57

　　　案例2-6 有限合伙企业分股不分权的作用 /60

2.2 企业控制术二：董事会控制术 /62

　　案例2-7 投资人"套路"企业家的演示 /63

2.3 PE、VC夺取控制权的基本方式 /69

　2.3.1 "控制性"套路 /70

　　案例2-8 宝万之争的董事会险胜 /73

　2.3.2 "经济性"套路 /75

　　案例2-9 某餐饮企业签署对赌协议 /75

　　案例2-10 投资转收购：阿里巴巴全资收购饿了么 /78

第二部分　出资中的股权保护

第3章 安全第一：股东的风险隔离 /84

3.1 股东投资安全第一 /84

　3.1.1 有限责任到底保护谁 /85

　　案例3-1 到底应该由谁来承担有限责任 /85

　3.1.2 预防股东承担有限责任转为无限连带责任 /87

　　　3.1.2.1 公司对外独立承担债务责任 /88

案例 3-2　被坑的职业经理人 /89

案例 3-3　公私分明则法人独立 /91

3.1.2.2　股东承担连带责任的类型 /92

3.1.2.3　如何避免股东承担连带责任 /93

案例 3-4　如何判断人格混同 /93

3.2　新公司法中股东承担连带责任规定的解读 /94

3.2.1　企业家最好不要成立一人公司 /97

3.2.2　股东出资不足的连带责任 /98

3.2.3　股东抽逃出资的连带责任 /98

3.2.4　瑕疵股权转让中的连带责任 /98

3.2.5　新公司法的特点：穿透原则 /99

3.2.6　公司简易注销中的连带责任 /100

3.3　股东出资的其他问题 /100

3.3.1　股东出资少是否等于有限责任小 /100

3.3.2　知识产权出资、劳务出资、第三方债权出资的正确处理 /101

案例 3-5　瑕疵出资也算出资 /102

案例 3-6　瑕疵出资小心股东除名 /103

第 4 章　合伙赢天下：股东的分红设计 /107

4.1　什么是"无盈不分" /107

案例 4-1　大股东拟夺回已经分配完毕的股东分红 /108

4.1.1　常见问题：公司亏损，能否分红 /110

案例 4-2　公司存在未弥补亏损，小股东却坚决要求分配利润 /110

4.1.2　常见问题：公司分红无股东会决议及其他记录 /112

4.1.3 新公司法关于分配利润的新增规定 /113

4.1.3.1 允许以资本公积金弥补亏损 /113

案例 4-3 A 上市公司资产重组的财务技巧 /115

案例 4-4 合法合规，突破限制 /117

4.1.3.2 违法分配利润承担责任的主体范围扩大 /119

4.1.3.3 公司利润分配的完成时间缩短 /119

4.2 利润分配和股东自治 /120

4.2.1 案例说明利润分配的其他规则 /120

案例 4-5 分红陷阱与分红程序 /120

4.2.2 利润分配与创新管理 /126

案例 4-6 技术股优先分红 /126

第 5 章 知根知底，不欺不瞒：股东的查账约定 /128

5.1 查账？查什么账 /128

5.2 新公司法再升级股东查账权 /134

5.2.1 明确允许股东查阅会计凭证 /134

5.2.2 股东查账权范围扩展到全资子公司 /135

案例 5-1 章程约定合资子公司的股东查账权 /135

5.3 新公司法如何与公司章程衔接 /136

案例 5-2 投资机构如何约定股东单方审计权 /137

第三部分 投资后的股权管理

第 6 章 进退自如：股东投资的退出约定 /142

6.1 约定退出的触发条件 /147

6.2 约定退出的价格 /148

6.3 约定退出方式 /149
  6.3.1 股东回购 /149
  6.3.2 公司回购 /151
  6.3.3 股权对外转让 /158
    案例 6-1 优先购买权举例 /159
    案例 6-2 玩转优先购买权 /161

第 7 章 股东权利要落实：股东协议、公司章程的拟定 /165

  案例 7-1 内部章程与注册的模板章程哪个在法律层面更有效力 /166

7.1 搞公司，要会约定股东协议 /168
  7.1.1 股东出资的约定内容 /170
    案例 7-2 虚假出资之循环出资法 /176
  7.1.2 股东权利的约定内容 /179
    7.1.2.1 股东如何约定表决权 /179
    7.1.2.2 股东如何约定分红权 /179
    7.1.2.3 股东如何约定查账权 /180
    7.1.2.4 股东如何约定退出 /181
  7.1.3 如何规范大股东的行为 /182
    7.1.3.1 股东如何约定经营质询权 /182
    案例 7-3 股东如何知晓公司具体经营情况 /182
    7.1.3.2 大股东行为规范条款 /185
    案例 7-4 防止以合法手段达到非法目的 /187
    案例 7-5 "占用即冻结机制条款"举例 /195
    案例 7-6 注意交叉占股的虚增注册资本风险 /197
  7.1.4 三会运作条款 /200

7.1.4.1 关于法定代表人的约定 /200

7.1.4.2 关于公司治理结构的一些思考 /205

7.1.5 解散条款 /208

7.2 公司章程的约定重点 /210

7.2.1 绝对记载事项 /211

7.2.2 相对记载事项 /214

7.2.3 任意记载事项 /215

7.2.3.1 非上市公司的任意约定事项 /221

7.2.3.2 上市公司的任意约定事项 /222

PART I
第一部分

投资前的股权设计

第 1 章
CHAPTER 1

股东合伙前应知应会的股权设计

我在做咨询和培训的过程中发现：一般来讲，谁做大股东，谁尤为关注自己手里的表决权。因为表决权关乎大股东在一家公司之中说了算，还是说了不算。

那么，一家公司的股东表决权究竟源于何处？

股东之间若未做特殊约定，股东表决权等于占股比例，而占股比例等于出资比例。此时，可以简单理解为股东表决权比例等于出资比例。

例如，A公司注册资本为1000万元人民币。张三出资800万元人民币，李四出资 200 万元人民币。张三的表决权应为 80%，李四的表决权应为 20%。张三为大股东。

股东表决权比例等于股东出资比例，本书称其为同股同权。㊀

那么，表决权能不能同股而不同权？

例如，A 公司注册资本为 1000 万元人民币，张三出资 800 万元人民币，李四出资 200 万元人民币。张三的表决权应为 80%，李四的表决权应为 20%。但是成立公司之初，股东双方约定，张三出资 800 万元人民币，表决权占 20%，李四出资 200 万元人民币，表决权占 80%，写入公司章程。合法吗？有效吗？

该问题的答案在 2024 年新公司法施行后有所不同，本书将在第 2.1.1 节专门讨论。

1.1 表决权重要比例

按照公司法的规定，公司分为两类：一类为有限责任公司（简称"有限公司"），另一类为股份有限公司（简称"股份公司"）。两类公司股东合作的"游戏"规则有所不同。

㊀ 同股同权中的股东权利，并不完全指股东表决权，但本书为了简明表达和便于读者理解，有意简化了该概念，只指表决权。

1.1.1 有限公司的表决权"游戏"规则

1.1.1.1 重要表决权比例

股份比例是股份比例，表决权比例是表决权比例。股东的股份比例未必等于股东的表决权比例。例如，某公司占股1%的股东和占股50%的股东签署一致行动人协议，并在协议中明确约定，占股50%的股东听从占股1%的股东的决策安排。那么，尽管占股1%的股东仅持有少量股份，但在特定事项上，其表决权实际上可增至51%，从而成为公司的实际控制者。但为了便于理解，在本节中，我们将假设股份比例与表决权比例是一致的。

什么样的表决权比例在一家公司的决策之中起到决定性的作用？我认为，有限公司有三个比例尤其重要，其他比例，可记也可不记。请看表1-1。

表1-1 有限公司表决权重要比例

表决权比例	重要性简述
67%⊖	绝对控制权
51%	相对控制权
34%	否决绝对控制

比例1：67%

占股67%，也就是占股过三分之二，应当关注两个问题。

⊖ 公司法中的具体规定是三分之二，实务中，为了便于传播和理解，经常使用67%这个称谓。本书中，67%视同公司法中的三分之二的规定，51%与34%同理。

问题一：股东占股 67%（过三分之二）和股东占股 51%（过半数）在表决权上有什么区别？

表决权占 51% 的股东，原则上对于公司的经营权和人事权拥有最终决策权（当然，这里指的是一般情况，不排除股东之间对于经营权、人事权等有特殊约定的可能性）。但有四类大事，根据法律规定，必须 67% 的表决权通过。

第一类为决定公司生死存亡之事：合并、分立、解散，以及重大资产重组、转移重要资产等。

第二类为影响公司股东股权大小之事：增加或减少公司注册资本。

第三类为决定公司各治理机构权力边界之事：修改公司章程。

第四类为变更公司组织形式之事，比如，有限公司改制为股份公司，股份公司变更为有限公司，新三板公司摘牌。

小贴士

老公司法[一]关于股东会称呼的规定与新公司法存在差异。在老公司法中，有限公司称之为股东会，股份公司称之为股东大会。但新公司法消除差异，无论有限公司还是股份公司，统一称作股东会。

[一] 本书中老公司法指的是 2018 年修改的公司法，新公司法指的是 2024 年 7 月 1 日开始实施的公司法。

这四类以外的事项是否需要 67% 的表决权通过，股东可以自行决定，甚至约定需要高于 67% 的表决权通过，比如 80% 的表决权通过或全体股东表决通过，也没问题。

例如，在 A 公司筹备阶段，股东之间达成共识，明确公司应每年拿出净利润的 30% 予以分配。但由于小股东只占 20% 的表决权，他担心公司成立之后大股东单方面修改章程，将年度利润分配比例由 30% 降低为 5%。于是，为了保障自身权益，小股东提出建议：公司章程中关于降低年度利润分配比例的修改，由公司法规定的需三分之二的表决权通过，改为需经全体股东一致同意。

问题二：前述四类事项，公司法规定需三分之二的表决权通过，公司章程中降为 51% 是否可行？

| 案例 1-1 |

需 67% 表决权通过的事项能否通过修改章程改为 51%

A 公司召开股东会会议，股东会会议上全体股东表决通过修改公司章程。公司章程约定：以后修改公司章程，由股东会 51% 的表决权通过。是否可以？

答：不可以这样改，这违反了公司法的相关规定。

| 案例 1-2 |

为什么 67% 的表决权被称为绝对控制权

来看一个根据实例改编的例子[一]。

丈夫王伟和妻子李莹白手起家，共同创业，建立起 A 公司。截至 20×4 年 8 月，A 公司净资产达到了 3 亿元人民币，丈夫王伟占股 99%，妻子李莹占股 1%。由于某些原因，一天，妻子李莹要求离婚，并将其股份作价 1.5 亿元人民币转让给王伟，退出公司股东行列。但丈夫王伟坚决不同意。作为公司的实控人（实际控制人），王伟不同意，李莹想要实现其退出的目的几乎不可能。

反过来，李莹若占股 67%，该事项的处理难度大大降低。李莹可委托律师在王伟在场的时候，随时向王伟宣布：A 公司召开临时股东会会议，67% 表决权通过公司清算！[二]目的是先将公司财产清算，之后按照夫妻共同财产平分。实际上，A 公司未必真的清算。李莹可以问问王伟，清算和李莹分得公司的一半资产并退出，他愿意选择哪一个？

占股 67% 和占股 51%，股东都可以控制公司，但为何占股 67% 被称为"绝对控制权"（绝对控制公司）？占股 51% 被称为"相对控

[一] 所有人物为化名，已经隐去当事人的隐私和商业机密。
[二] 注意，有限公司才可以这么干。

制权"（相对控制公司）？"绝对"到底体现在哪里？

公司的人事权、经营权等权力，理论上掌握在占股51%的股东手里；但占股67%，这家公司的生死存亡可谓由其决定！占股51%，这家公司由大股东管理，但大股东需要按照"游戏"规则管理；但占股67%的股东，有能力选择或修改"游戏"规则，俗称"掀桌子"。

所以，占股51%的股东成了"职业经理人"，占股67%的股东才可谓说了算的"老板"。

如果正在阅读本书的你是一名企业家或者创业者，正与人合作，或者正在操作自己公司的股权激励，但你的股权知识此刻较为欠缺，不妨保守一点儿，给自己留足三分之二以上的表决权，以绝后患。

比例2：51%

占股51%，也就是占股过半数，俗称相对控制。所谓相对控制，实际上应该理解为"相对管理公司"。因为占股51%的股东需要按照"游戏"规则进行管理，凡是影响股东权利和股东利益等的重大事项，均需要67%的表决权通过。

比例3：34%

该比例的重要性在于一点——否决前述四类大事。

正因如此，众多上市公司、国有企业参股其他企业时，往往对于参股比例规定为不低于34%。

1.1.1.2 应避免表决权不良结构

我们在创立公司时，应该尽力避免表决权的不良结构，以免引发股权纠纷。这是构建优良公司股权结构的基础。表决权的不良结构，或者也可以称之为股权的不良结构，举例见表1-2。

表 1-2　表决权不良结构举例

表决权比例	突出问题
5∶5	谁说了都不算
3∶3∶3 或 4∶3∶3	"三国演义"
35∶18∶18∶29 或 49∶47∶4	你中有我，我中有你

不良结构1：5∶5

5∶5这种结构，属于最典型的不良结构，甚至有人曾开玩笑地称之为"史上最烂结构"，原因在于股东双方"谁说了都不算"。

| 案例1-3 |

某公司谁说了都不算

有这样一个案例。两家公司合并，股权结构为5∶5。这家公司设立了董事会，董事会成员共6人，双方各派出3人。一方股东委派总经理，另一方股东委派董事长。刚开始相安无事。后来总经理离职，需要重新选举总经理。总经理按程序由董事会聘任。但董事会席位为3比3，其中3名董事选择张三，另外3名董事选择李四，导致公司陷入董事会僵局。该公司下一步需要进行的程序是什么？将该情况上报股东会表决。公司的股东会为公司最高权力机构，董事会无法决议的事项，应按程序交由股东会决议。由此可见表决权的重要性。这家公司但凡有一方股东表决权过半数，哪怕是50.001%，该股东也可以直接表决通过，选举己方人员当总经理，公司的治理僵局即刻打破。但该公司股东表决权为5∶5，也就是50%对50%，股东会决议同样陷入僵局。于是，双方共同查阅公司章程，寻求解决方案。结果，关于如何处理该事项的议事规则，公司章程未予约定。目前，相当一部分公司的章程源于市场监督管理局的模板，几乎没有特殊约定。这家公司接下来该如何处理？公司法已无规定，需要股东自行商议解决。

不良结构2∶3∶3∶3或4∶3∶3

这两个结构，我戏称为"三国演义"。

有甲、乙、丙三名股东，今天，甲和乙合伙；过几天，甲和丙合伙；再过几天，乙和丙两人又一同认为甲不再是好朋友了。

这类结构还有变种。

如，四名股东各自占股四分之一，那么股东既可以三对一，也可以二对二。这些都属于容易滋生争端的不良结构。

当然，有人会问：一家公司的表决权结构不良，必然会导致股东纠纷吗？不是必然。人性之善，不可估量；但人性之恶，同样不可估量。总之，我认为好的表决权结构可以让有不良动机的投资者变成守规矩的好人，坏的表决权结构足以让貌似善良的投资者变成不守规矩的坏人。一念之差，只看诱因。

不良结构3：35∶18∶18∶29 或 49∶47∶4

该结构，如果是几名合伙人在公司初创期自然形成的，那我建议该公司的股东加强学习股权方面的知识，提前操作、预防，避免后期出现争端。但该表决权结构如果是某股东蓄意为之，那代表该股东别有目的。因为在这两种结构中，小股东只要与其他股东联手，小股东支持的那一方顿时成了有多数表决权的股东，在表决权过半数（50%以上）的情况下对另一股东形成明显压制。面对这种股权比例相加占优的公司，我建议正在阅读本书的你，无论是投资还是合作，都要慎之又慎。

1.1.2 股份公司的表决权"游戏"规则

我在前面讲过，表决权比例不等于占股比例。一家公司有许许多多的内部约定可以合法合规地使表决权比例不等于占股比例。但为了便于叙述，本节依旧假定表决权比例等于占股比例。

二分之一、三分之二等重要比例，对股份公司同样重要。但股份公司的表决权结构有自身的特点。股份公司包含公众公司、非上市公众公司（新三板公司）和非上市股份公司。以下内容的叙述对象以公众公司和非上市公众公司为主。因为虽然公司不上市依旧可以成立股份公司，但非上市股份公司无证监会这类机构监管，其"游戏"规则的严谨程度无法和公众公司和非上市公众公司相提并论。

股份公司表决权重要比例如表1-3所示。

表1-3 股份公司表决权重要比例

表决权比例	重要性简述
30%	强制要约
10%	召集股东会会议
5%	公司重要股东
1%	股东会提案及代表诉讼

比例1：30%

什么是强制要约？

证监会规定，投资者在购买上市公司的股份时，无论采用何种方式购买，一旦持有的股份比例达到该上市公司已发行股份的30%，若再继续增持，应当采用要约方式。进行要约收购时，要对股民广而告之：买方会在多长时间，以多少价格，购买多少股份。该上市公司的"小散"股东，既可以选择"用脚投票"，卖掉股票，退出股东行列，也可以选择继续持有该公司股票，等待日后升值。该规则最早出现于英国，目的在于保护小股东的利益。免得上市公司连大股东都换了，小股东还蒙在鼓里。

比例 2：10%

部分缺乏投资经验的企业家，或许未能充分认识到占股 10% 以上的股东有权召集股东会会议这条规定的重要意义。我举例说明。

| 案例 1-4 |

召集股东会会议的权利到底有什么用

张三投资 1000 万元人民币，占股 A 公司 10% 以上。作为公司股东，张三具有知情权，有权了解公司的财务情况和经营情况。但张三应该通过什么途径获取公司经营情况呢？首先是财务报表。但是财务报表对于大部分财务知识欠缺的人来讲，只是一串冰冷的数字，告诉他这个月或者这个季度赚了还是亏了。这一天，张三通过财务报表发现 A 公司连续两个季度业绩下滑。于是他想了解 A 公司业绩下滑的具体原因，到底是销售停滞呢，还是生产出现了问题。请问，关于公司的具体经营情况，张三应该向谁询问？

很多人一定脱口而出，应该询问管理层。例如总经理、财务总监、销售副总……

但问题来了。

一家公司的股东有权利直接质询公司管理层经营情况吗？股东准备怎么质询呢？是直接给总经理和财务总监打电话询问吗？

"公司二十来个股东（上市公司几万、几十万个股东），个个给我打电话,我能忙得过来吗?"总经理说。于是,公司的管理层回了股东张三一句话:请通过正当途径了解公司经营情况!

什么是正当途径?除非公司章程特别约定,股东获取公司经营情况明确且主要的途径只有一个:参加股东会会议。股东会会议上,股东有权质询管理层公司具体的经营情况。除此之外,股东通过其他方式尝试询问或咨询公司经营情况,管理层有权选择不予回应。

那么,一家公司的股东会会议多久开一次?是每年必须召开吗?新公司法第一百一十三条规定,股份公司股东会应当每年召开一次年会。第六十二条规定,有限公司定期会议应当按照公司章程的规定按时召开。也就是说,股份公司法定每年开一次股东会会议。有限公司若章程没有约定,可以不开股东会会议,现实中也基本不开。还有,股东会会议怎么召开呢,由谁召集呢?法定由公司的董事会召集。但如果大股东控制了董事会,拒不召集股东会会议呢?法定由公司的监事会召集。监事会同样拒不召集呢?这个时候就轮到公司占股10%以上的股东,自行召集并主持股东会会议了。

至此,我可以解答现实中的操作问题了。第一,公司的股东会会议并不常开,甚至可以不开,但董事会会议每年至少召开两次。这一机制为投资者提供了一个重要渠道,使他们能够通过董事会会议及时掌握并了解公司的经营状况。因此,企业对外投资往往要求在标的公司设立董事会。第二,大股东若强制不开会,占股10%以上的小股东可以召集并主持公司的股东会会议。如果连召集和主持公司股东会会议的权利都欠缺，小股东只剩下"干瞪眼"了。因为即使由于股权结构不良，公司久久无法形成有效决议，继而影响公司的经营和运作，导致股东最终走向司法程序，法院也会要求股东先证明自己已经行使了所有内部救济且统统无效（法院问：公司是否连续两年以上没开股东会会议了？拿证明！你作为股东开不成会议，有没有想过把股份卖给其他股东？其他股东不愿意买？拿证明！其他股东不同意买，股权对外转让呢？卖不掉？拿证明……），方才受理。由此可见，占股 10% 以上股东自行召集公司股东会会议的重要性。

比例 3：5%

资本市场中，在一家上市公司占股 5% 以上的股东将被证监会列为监管对象。为什么？因为占股 5% 及以下属于中小股东，占股 5% 以上的股东算是上市公司股东中的"大户"了。法律法规对于占股 5% 以上股东的具体要求列举在表 1-4 中。

表 1-4　法律法规对于占股 5% 以上股东的具体要求

规定	文件
拟 IPO 企业占股 5% 以上股东需信息披露。自然人股东也需披露身份信息	《公开发行证券的公司信息披露内容与格式准则第 57 号——招股说明书》（2023）第三十二条
占股 5% 以上的股东，股份转让受限	《中华人民共和国证券法》（2019 年修订）第三十六条、第四十四条
收购上市公司股份达到 5% 时，应当向证监会、交易所限时报告	《中华人民共和国证券法》（2019 年修订）第六十三条

(续)

规定	文件
占股 5% 以上的股东列入上市公司内幕信息的知情人范围，需要按照要求对于公司有关事项，该公告要公告，该保密要保密	《中华人民共和国证券法》（2019 年修订）第五十一条、第五十三条
占股 5% 以上的股东关联交易需要披露，涉及的董事、股东需要回避表决	《深圳证券交易所股票上市规则（2024 年修订）》

比例 4：1%

结合新公司法，我觉得，该比例有两点值得一说。

第一，为了进一步保护小股东的合法权益，新公司法降低了临时提案权的股东占股比例，降为 1% 以上（见新公司法第一百一十五条）。这是该比例第一个重要点。

什么是临时提案权？

一家公司股东会会议的召开，需要提前通知参会股东。新公司法第一百一十五条明确规定："召开股东会会议，应当将会议召开的时间、地点和审议的事项于会议召开二十日前通知各股东。"这里写得很清楚，股份公司召开股东会会议（公司法中关于有限公司召开股东会会议的程序，并未像股份公司那样规定详细。因此有限公司股东会会议召开程序通常参照股份公司，但通知会议的时间缩短为 15 天），除了通知时间，还要明确股东会会议的地点以及议案等内容。

问题来了。

某公司召开年度股东会会议，提前二十日通知了参会股东，通知内容包含4项议案。股东会会议中，4项议案已经全部决议完毕。就在会议即将结束的时候，股东张三却忽然提出第5项议案，临时要求股东会予以表决，是否允许？

答案是，有限公司允许；股份公司因其违反程序，不允许。

于是，股份公司会出现这样一个问题，股份公司的实际控制人不允许威胁自身利益的议案出现于股东会会议上，且股份公司的股东会会议不允许股东临时提案。那小股东岂不是陷入失权的死循环？也就是小股东关心的议案永远无法在股东会会议上表决？所以无论是老公司法，还是新公司法，为了保护中小股东利益，专门赋予股份公司股东在股东会会议召开之前行使一项权利——临时提案权。

临时提案权要在股东会会议召开之前行使。那股份公司何时召开股东会会议呢？

新公司法第一百一十三条仅规定股份公司应当每年开一次股东会会议，并未明确规定股东会会议的具体召开日期。

只有《上市公司股东大会规则（2022年修订）》规定了上市公司应当于上一会计年度结束后的6个月内召开股东会会议。会计年度为每年的1月1日到12月31日，故而上市公司的年度股东会会议务必在6月30日之前召开。

那么，上市公司在6月30日前召开股东会会议，股东的临时提案权又该在什么时候行使？也就是临时提案什么时候提交？

新公司法第一百一十五条规定："可以在股东会会议召开十日前提出临时提案并书面提交董事会。"即上市公司若在6月30日召开股东会会议，股东的临时提案需要在6月20日之前提交。

| 案例1-5 |

宝万之争精彩的治理程序演示

（本案例部分资料来自饶钢著作《饶胖说IPO：规范运作和公司治理》）

2015年的宝万之争是中国资本市场非常轰动的一个事件。为何轰动？原因有很多，其中一方面是宝能与万科的你来我往之中，生动地演绎了上市企业公司治理的"游戏"规则。

宝能在成为万科大股东之后，一直迫切希望罢免万科全体董事、监事。为了抗衡宝能，万科在2016年3月14日对外公告：增发股份，引入深圳地铁。深圳地铁遂以三块深圳的商业地产作价换取万科的股份，成为万科新的大股东。

2017年5月，万科董事会决议6月30日召开年度股东大会，审议5项事项。但5项事项，无一字提及万科董事会、监事会新的人选任命，而万科现任董事会早已任期届满并超期"服役"。为什么万科始终不提议表决新的董事、监事?因为戒备宝能。宝能此时已持有万科过 20% 的股份,一旦股东大会(当年还称为股东大会,现在应该称为股东会)履行选举董事、监事程序,按照累积投票的选举方式,宝能大概率会添加自己人进入万科董事会、监事会。万科不愿此事发生。

但新进入的大股东深圳地铁,却提出希望推选一名监事和独立董事进入万科。

于是,一个难题摆在万科面前:若是同意深圳地铁的要求,宝能作为股东必然顺水推舟提名自己人进入董事会和监事会。这是万科管理层所不愿见到的。万科管理层既想接受深圳地铁的合理要求,又想拒绝宝能的人选趁机而入。

应该如何操作呢?

根据证监会的规定,上市公司年度股东会会议应当于上一会计年度结束后的 6 个月内召开,即截止日期为 6 月 30 日。而临时提案,法定为股东会会议召开 10 天前提出,并书面提交董事会。

于是,深圳地铁在 6 月 19 日提出提案,距离 6 月 30 日恰好 11 天。提前 10 天以上,符合临时提案程序。按照证监会的规定,股东的临时提案需要书面提交召集人。召集人是董事会。董事会收到议案不能捂着,也需要对外公告,什么时候公告呢?"召集人应当在收到

提案后二日内发出股东大会补充通知，公告临时提案的内容。"（《上市公司股东大会规则（2022年修订）》第十四条）

深圳地铁在提交给万科董事会的临时提案中提出3项议案，要求万科董事会、监事会换人。除了原有万科管理层，剩余提名人员全部属于深圳地铁。万科董事会按照证监会的规定2日内即6月21日对外公告。此时，距离6月30日只剩9天，过了临时提案的最后时间节点。宝能已无权利提出提案。

新公司法降低临时提案权的股东占股比例具有两个意义。

一是进一步加强保护上市公司中小股东的利益。

股东如果认为公司管理层侵害公司及股东的利益，应对方式之一是更换管理层。

那么，股东想要更换管理层应当如何操作？首先需要提出提案并召开临时股东会会议。虽然召开临时股东会会议需要股东个人或者股东合起来占股10%以上，但好歹占股1%以上的股东也有了"说话"的权利，若连"说话"的权利都没有，岂不太憋屈了。

二是和资本市场的规定完整配套。按照《上市公司独立董事管理办法》（2023年9月4日起施行），占股1%以上的股东，有权向上市公司提名独立董事。

第二，占股 1% 以上的股东，具有代位诉讼的权利。

股东作为出资者，并不享有直接代表公司的权利。法律规定，公司的对外代表是法定代表人，内部管理由董事会负责，而日常运营则由管理层执行。因此，即便股东目睹公司管理层侵害公司利益，也无权代表公司去法院提起诉讼，控告管理层失职。那么，什么情况下股东可以"代公司的位"去诉讼，即"代位诉讼"呢？例如，当监事侵害公司权益，你作为股东，让董事去管，董事不管，或者董事侵权，你作为股东，让监事去管，监事视而不见，董事、监事"德不配位"、拒不履职，此时，股东才有资格"代位"公司，去向法院提起诉讼。（见新公司法一百八十九条）

但是，并非所有股东都具备"代位诉讼"的资格，对于有限公司的股东，需要占股 1% 以上才具备资格。而股份公司的股东，除了占股 1% 以上以外，还需要连续持有该公司股份 180 天以上，才具备该资格。

以上为公司法的规定。关于"代位诉讼"的股东资格，证券法第九十四条第三款另有规定：发行人的董事、监事、高级管理人员执行公司职务时违反法律、行政法规或者公司章程的规定给公司造成损失，发行人的控股股东、实际控制人等侵犯公司合法权益给公司造成损失，投资者保护机构持有该公司股份的，可以为公司的利益以自己的名义向人民法院提起诉讼，持股比例和持股期限不受公司法规定的限制。也就是说，根据证券法的规定，上市公司的董事、监事和高管如果侵犯股东及公司利益，占股比例不足 1% 的股东，也有资格"代位诉讼"。

1.1.3　隐性风险：占股 10% 的股东

该比例我戏称为"阑尾"比例。没事儿的时候你感受不到它的存在，有事儿的时候它令你痛不欲生。

因为它既可以很重要，也可以不重要。

说它不重要，是什么原因？虽然公司法明确规定，持有 10% 以上表决权的股东有资格申请公司解散，但这一申请需要具备前提条件。新公司法规定："公司经营管理发生严重困难，继续存续会使股东利益受到重大损失，通过其他途径不能解决的，持有公司百分之十以上表决权的股东，可以请求人民法院解散公司。"

这一条你应该如何理解？

首先，解散公司的前提之一应是公司经营管理遭遇严重困难。股东需要证明这一点，提起诉讼之时法院才会考虑受理。

其次，法律还要求证明"通过其他途径不能解决"。但何为其他途径？尝试多少种方法才算是穷尽所有途径？股东需证明使出了"浑身解数"仍旧无解，法院方可介入。

同时，这一条也可以很重要。新公司法第二百二十九条明确规定了公司解散的几种情形，其中包括：公司章程规定的营业期限届满或者公司章程规定的其他解散事由出现。若股东在章程中明确约定了其他解散事由，那么持有 10% 以上表决权的股东在解散过程中将拥有显著的主动权。

1.1.4　新公司法对股东表决权的重大影响

前面我讲过，有限公司允许同股不同权，那股份公司允许吗？

2024 年 7 月 1 日新公司法实施之前，只有有限公司和境外上市公司允许采用同股不同权的股权结构。新公司法实施之后，根据其第一百四十四条的规定：第一，非上市股份公司可以发行类别股，即每 1 股的表决权数多于或者少于普通股的股份。简而言之，就是 1 股的出资可以设定 N 股的表决权，类似于 AB 股中的 B 股。第二，公开发行股份的公司，也就是上市公司和非上市公众公司，不得发行每 1 股的表决权数多于或者少于普通股的股份，但允许发行优先股。

总结：新公司法实施后，非上市公司，无论是有限公司，还是股份公司，全部可以根据章程规定，或者协议约定，实施表决权上的同股不同权了。具体分类见表 1-5。

表 1-5 新公司法关于各类公司同股不同权的规定

有限责任公司	股份有限公司
可以在公司章程中特别规定，股东表决权不按照出资比例行使	科创板公司可以在上市之前依据章程约定实施 1∶10 的差异表决权。换言之，可以设置封顶为 1 股 10 票的表决权[①]
	公开发行股票的其他上市公司可以设优先股，但不可以设置 1 股多票表决权
	非上市股份公司可以根据章程的规定，设置 1 股多票表决权

① 《上海证券交易所科创板股票上市规则》（2024 年 4 月修订）4.5.4。

1.2 股权结构设计和谈判如何落地

前文从有限、股份两类公司出发，分析了公司重要的股权比例。但这些知识应该如何应用？即，股权结构在现实中应该如何设计？

例如，现在张三、李四共同成立一家公司。请问，张三作为大股东，到底在公司应该持有多少表决权地位才稳固呢？如何让张三放心地引入投资人，放心地做股权激励，放心地去申报上市，确保其大股东地位不受威胁呢？

再例如，现在张三、李四共同成立公司，张三出资，李四出技术，两个人争当大股东。请问，张三和李四应当如何进行股权谈判？谈判思路是什么？

1.2.1 实践中股东合作的最佳方案

1.2.1.1 大股东应当一股独大

在中国，企业保持什么样的股权结构最适宜？我倾向于一股独大的结构。这一选择基于许多中国的企业家具有"过江龙"的气质，自身有想法，有态度。所以，对自我意识强烈的企业家而言，我认为，股权设计的首要原则是，大股东控制权优先。

但什么是一股独大？具体情况还要具体分析。

一股独大大致可以分两种情况看。

第一，有限公司。这类企业中小企业居多，大股东持有67%以上的表决权通常较为明智。对于大型企业而言，大股东的表决权占比应不低于51%。

第二，上市公司。上市公司无须刻意追求股东表决权比例过高，例如51%或67%。因为股份公司和有限公司分母的计算方式不同。67%也好，51%也罢，全是分子，请问分母是什么？

答案是，有限公司的分母为100%，股份公司的分母为投票股东占比，不投票的股东视为弃权，表决权不计入计算。

因此，若A上市公司正举行股东会会议，到场投票的股东表决权合计占比60%，那么"过半数表决"意味着拥有超过30%的表决权足矣。上市公司的散户通常不参与投票，所以，即便大股东占股低于51%，依旧在上市公司一股独大。

1.2.1.2　大股东控制权优先，其他股东退出权优先

我认为，股东合作应该学会谈判和定规则。定规则并不是指让谁去"暗算"谁，或者让谁去"欺负"谁。钱，该去市场挣，而不是从合伙人那里挣。

所以，下一个问题随之而来，大股东控制权优先，小股东在合作谈判中应当寻求什么样的股东权利保证自身利益呢？

我认为，小股东投资一家公司，应该首先采取"以退为进"的策略，预先考虑公司如果出现问题，股东如何合理退出，也就是所谓的"退股"。

有人讲，小股东的分红权不是更重要吗？分红权当然重要，但小股东若缺少表决权，占股51%的大股东完全可以表决通过"今年公司不分红！"小股东能拿大股东怎么样？

但如果股东协议中有类似这样的约定"若小股东两次提出分红要求，大股东凭借其多数表决权坚决不分红的，小股东有权利要求大股东按照原始出资价格的若干倍回购其所持有的股份或申请公司清算。"大股东有没有必要不分红？

简而言之，我建议，以退出权保证分红权。

因此，股权设置的基本原则，我觉得可以总结为：大股东控制权优先，其他股东退出权优先。

1.2.2 股权结构的谈判思路

几个人合伙成立公司，股权结构应该怎么谈，谈判思路是什么？

1.2.2.1 明确商业模式

我建议，进行股权结构谈判之前，股东之间应该首先明确公司未来经营的商业模式。商业模式不明确，如何知道公司未来发展的战略？不知道公司未来发展的战略，如何匹配公司的操盘手和主心骨？

| 案例 1-6 |

路径选择决定比例

张三和李四，两个人是同窗好友。张三技术能力很强，但情商普通。李四常年从事销售工作，情商较高。一天，客户王五找到李四，说："我给你一个软件项目，但我要居间费用。"该项目拿到手后，李四拉上张三成立一家公司做该项目，两个人的股权结构是 5∶5。

该项目之后公司一炮而红。首先，该项目属于软件细分行业，正巧当时没人干，两个人属于第一批吃螃蟹的人。其次，张三作为技术控，将该项目的细节做到极致，甲方验收后非常满意。于是，许多客户慕名而来，一时之间，公司的工作量饱和，做不过来。

软件公司项目做不过来，一般会聘请外包公司。

但张三和李四对于项目是否外包产生分歧，意见相左。

李四主张将业务外包，理由如下：他们所从事的行业技术门槛较低，目前只是市场上其他同类公司还没有关注类似板块的业务，所以公司只有很短的发展窗口期，等同类公司反应过来，一定会迅速涌入，争夺市场份额。因此，在窗口期内，不应该理会项目做得是否完善，首要任务是将业务量和流水做起来，然后融资，成为市场领导者。张三不以为然，他认为正因为公司主营业务门槛低、窗口期短，公司更应该在窗口期走精英路线，注重品牌建设，而不是盲目追求发展速度和企业规模，不然当其他竞争对手进入该市场时，该如何竞争，走低价路线进行竞争吗？

两名股东，谁对谁错？我难以断言。或许两个人讲得都有道理，也有可能不尽然。因为不到三年之后，谁也不能保证当年的决策是对是错。三年之后，张三干砸了，李四奚落张三："早听了我的，何至于此！"但如果换成李四操盘公司，或许结果更糟。

这类事情并非空谈"论"出来的，而是实操"干"出来的。张三做大股东，公司应该按照张三的思路来经营。李四做大股东，公司应该遵循李四的思路来经营。这种情况，没有对错，只有大小——股权比例的大小！

所以，我建议，先明确商业模式，再定股权结构。

生意怎么做、由谁做全都不确定，谈不了股权结构。

1.2.2.2　尽量公正评估股东资源的重要性

如何评估股东资源？我举例说明。

| 案例1-7 |

如何评估各方股东资源

在大城市居住的人一定有如下体验：开车出行时难找停车位，就算能找到停车位，稍微大点儿的停车场也常常因为缴费车辆过多、网络信号较差等导致出口堵塞。是否可以别让停车场在出口处设栏杆，而是让车直接开出去，停车场的系统自动扣费结算？这一点，在技术上实现没有难度，但现实中难以实现。因为停车场属于不同的单位和个人，该怎么整合资源？将停车场物联网化？张三宣称有资源将A市停车场互相连接，他计划成立一家主营互联网停车业务的公司。张三找到投资人李四，两个人一拍即合，四处寻觅技术方。不久，两个人在B市寻觅到一家专门做互联网停车业务的公司——甲公司。甲公司已经将互联网停车业务做到了B市市场第一。三方一拍即合。

张三、李四、甲公司，一个是资源方，一个是出资方，一个是技术方，三方合伙，请问，谁做大股东，谁做二股东，谁做三股东？谈判思路是什么？

第一，先用排除法。三个股东，一个是资源方，一个是技术方，一个是出资方，三者中谁是最不重要的？该问题，我曾经在 MBA 的课堂上多次提问，大部分学生的回答基本一致：出资方。好，首先确定出资方做小股东。

第二，剩余的资源方和技术方，谁做大股东，谁做二股东？

应该考虑两点。第一，资源方和技术方，两个股东相比较，谁更具重要性？现实中，普遍观点倾向于认可资源方重要，缺乏资源，这个生意难以起步。但是，深入分析，技术方同样不可或缺。因为技术方甲公司并非一家单纯的软件公司，它本就是互联网停车业务领域的先行者，且已拿下 B 市的市场。换句话说，甲公司已经有了业务！因此，甲公司无疑和资源方同样具有不可替代性，且资源方张三的资源也需要技术方甲公司予以放大。所以，两者同等重要。第二，张三的资源属于长期资源还是短期资源？是典型的短期资源。短期资源，指的是公司创立之初没你不行，公司成立之后你用处不大。合作开公司，经常碰到这样的情况。比如，甲公司通过资源方张三，认识了一家物业公司的经理，并与该物业公司签订了 10 年期的合作合同，请问合同签署之后的漫长时间里，资源方还能起到当初那么大的作用吗？

因此，以公司的长远发展而论，谁该是公司大股东，结果不言而喻。

最后约定，甲公司为大股东，张三为二股东，李四为小股东。三方的股权比例分别为45%、35%、20%。

当然，案例中的这家公司，股权结构明显不够优良，但这里的叙述重点是股权结构的谈判思路，而非股权不良结构的处理方法。关于股权不良结构如何处理，后面再叙。

1.2.2.3 股权结构动态调整

前文明确，股东之间股权结构的谈判，前提应是先定公司的商业模式和发展战略，选择最具优势资源和能力的股东作为"牵头人"。但如果一家公司的商业模式不明确，应该如何谈判公司的股权结构？某互联网头部企业，起步经营的那些年，自身全无"造血"能力，全靠投资人"输血"过活。某天，某自媒体大亨与该公司的"灵魂"创始人打牌，由于自媒体大亨曾是一名优秀的策划和记者，出于职业习惯，忽然对公司创始人进行"灵魂拷问"："请问咱们公司的商业模式是什么？"创始人迟疑了一分钟之久，只说了四个字："打牌！打牌！"

现如今，商业模式迭代更新，商业环境变幻莫测，面对如此复杂多变的局势，企业又如何能够奢望从容布局之后，再按部就班——设置打法呢？

| 案例 1-8 |

商业模式不明确如何进行股权结构谈判

《一本书看透股权架构》中讲了一个"独立新媒"的案例。

"独立新媒"共有两名股东，申音与罗振宇。两个人结识于3Q大战，即奇虎360与腾讯QQ之争。两个人同为央视出身的媒体人，被腾讯聘为公关顾问。两个人之前并不认识，之后却一见如故，在2012年共同成立了一家新媒体公司——"独立新媒"。该公司打造的第一款产品，就是大名鼎鼎的"罗辑思维"。2013年8月，"罗辑思维"推出付费会员制，半天内收到160万元人民币的会员费。以现在的眼光来看，160万元人民币的会员费不算多，但那可是2013年。2013年之前，很多人不去电影院看电影，甚至没有看正版电影碟片的习惯。我的一个朋友在2003年花了几百美元买了一张正版光碟，结果国内某著名品牌的DVD竟然无法读取……而现在，大家要么是爱奇艺的会员，要么是腾讯的会员。如果有人写互联网消费史，我相信，罗振宇必有一章，因为他改写了互联网的盈利模式和无数中国人的消费习惯——从免费模式正式进入付费模式。嗅觉敏锐的投资人火速关注了该公司，"独立新媒"被投资机构估值为1亿元人民币。但可惜的是，申音和罗振宇两名股东对公司未来的商业模式却产生了根本性分歧。简单讲，申音意图复制若干个"罗辑思维"，罗振宇的意图是将"罗辑思维"的商业模式进一步深化。最后很遗憾，两个人思路相左，分道扬镳。

商业模式不明确的公司，不如调整思路，先设定里程碑对赌，动态地调整股权架构。最简单的里程碑设定方式，便是谁引来了投资人的资金，谁就成为公司的大股东和操盘手。

1.2.3 股权结构不良，怎么处理

1.2.3.1 方式一：退出方式，提前设置

| 案例 1-9 |

某互联网停车公司股东的退出约定

（接案例 1-7）技术方、资源方和出资方的股权占比分别是 45%、35%、20%。这种股权结构显然不够合理。在我看来，理想的股权结构可能只有一种，即一股独大（当然，企业发展得好可能因为一股独大，发展得不好也可能因为一股独大）。那么，这家公司有"独大"的股东吗？我看，或许公司之中，占股 20% 的投资方最大！因为占股 20% 的股东支持谁，谁就是公司的一把手。

怎么解决？我认为，股权结构不良的企业，首先应提前约定好退出方式。

如何约定？

或生或死，互联网企业通常两年见分晓。因此，资源方和技术方双方股东约定：资源方必须在两年内确保一定数量的停车位和物业签

约，而非空谈有多少资源。而技术方则需要保证客户满意率、业绩增长以及估值提升。若任何一方未达标，另一方可以溢价收购其股份；如价格无法协商，则公司解散，一拍两散。

除了设置退出机制外，实际操作中，很多股东在合作初期的约定中，通常会设置"一票否决"机制。但我主张股东投资应该"不进则退"，非必要应避免采用"一票否决"机制。因为"一票否决"的本质是你不让我好过，我也不让你好过。是"杀敌一千，自损八百"的玩法。作为股东，你难道没投入钱吗？你的投资难道是用于斗气的吗？开公司不是斗气，应该理性思考、从容约定，以达到多方共赢。

1.2.3.2　方式二：对赌约定，动态调整

公司股权结构不好，可以设定对赌目标，动态调整，最终达成优秀的股权结构。

股权结构动态调整，本质是一种对赌机制。谁先完成里程碑的约定，谁有资格获得公司的控制权和大股东地位。反过来，操盘手达不到约定的里程碑，则需要将公司股份或者管理权拱手相让。但操盘手如果不同意、不死心，负隅顽抗，坚决不交出管理权和公章呢？所以，股东之间务必提前约定违约处罚和退出机制。（退出机制的具体操作，详见后面相关章节。）

1.2.3.3 方式三：提前设置优秀的治理结构

企业家还应该学习如何根据公司的具体情况，打造优秀的公司治理结构。

我来举例。

A 有限公司的三名股东分别占股 30%、30%、40%，这显然属于不良股权结构，那应该如何着手去处理这种不良结构呢？

第一，从表决权上解决问题。

既然我认为最适宜的股权结构是"一股独大"，那么最直接的处理方式就是公司主导者收集其他股东的表决权。例如，可以让占股 40% 的股东和另一名占股 30% 的股东签署一致行动人协议。这样一来，尽管大股东注册股权只占 40%，但实际掌握的表决权却达到 70%。注册股比例是注册股比例，表决权比例是表决权比例，表决权比例能达到多少才是股东的关注重点。

第二，股东应该根据具体情况，合理考虑公司的治理结构。

请问，30%、30%、40% 股权结构的公司，是否适合设立董事会这样的议事机构？

我的建议是：该公司应简化治理结构，不设立董事会，仅设一名董事。这名董事由大股东担任，并应兼任总经理，负责公司的日常管理和运营。财务方面，小股东可派出纳，确保透明性和准确性。即，大股东有管理权，小股东有监督权。尽量避免公司内部出现拉帮结伙的局面。但凭什么两名小股东允许大股东一人担任董事兼总经理呢？小股东除了监督之外，还可以设定约束条件。例如，大股东需要在三年内完成约定的业绩目标，且公司的资本金损失不得超过30%……若大股东未能满足这些条件中的任何一条，小股东都有权罢免其董事和总经理职务，转由其他人担任，或干脆一拍两散，解散公司。

再看另一个例子。

B公司两名股东的股权结构为50%比50%，该公司是否应该设立董事会？

这里有两个常见问题：第一，在两名股东各占股50%的公司中，双方往往互不相让，大白话就是"谁也不服谁"，因而谈判中常常难以出现妥协，最终多形成互相制衡的格局。第二，若其中任何一方担任公司董事兼总经理，除非事前特别约定，另一方想通过股东会解聘该董事兼总经理，往往会因实际控制公司的股东以50%的表决权否决而陷入僵局。

为了平稳发展，我建议该公司设立董事会。

但设立董事会，两名股东该如何派出董事呢？难道一方派一个，也就是1:1吗？某一方多派董事，另一方股东会同意吗？

此刻，可以寻求一名"外脑"做独立董事。

但该行为同样存在风险。

什么是独立董事？有人讲，独立董事，就是既要"独立"，又要"懂事"。万一这名独立董事，谁给的好处多他就对谁"懂事"，谁给的好处少他就对谁"独立"呢？如何让独立董事真正起到独立有效的作用呢？

很简单，给独立董事一定的分红权。独立董事享有分红权，那么该公司的经营情况就和他个人的利益相关。他作为独立董事的一票，想必会投给对公司未来发展有利的一方。理论上，他起到了独立董事的作用。

所以，我认为，小公司不需要董事会，只有大公司、上市公司才需要董事会的想法不对。有用则设立，没用就不设立，跟发展阶段没关系，跟有没有必要设立、会不会设立有关系。

作为一家公司的股东，你是否有权威，公司治理结构的设计尤为重要。例如，如果一家公司的总经理控制了公司，他通知门卫，不允许大股东踏入公司大门一步！大股东能怎么办？

| 案例1-10 |

某公司创始人参加自家公司年会被拒之门外

某公司即将召开年会，通知中明确规定，部门副经理以上职级管理人员参加。该公司创始人A，现任集团公司顾问，且为公司最大个人股东却未收到参会通知。

年会通知发出后，创始人A打电话给人力资源总监，问他为什么不通知自己。人力资源总监回答："CEO定的名单。"创始人A说："你通知我，我可能去也可能不去，不给我通知，连起码的尊重都没有，我肯定会去。"

A于年会当天下午两点半到达某大酒店，在大堂要求报到，参加年会。工作人员回答，名单上的人员才能参加。A对工作人员说："你们通知上写的是部门副经理以上职级的管理人员参会，我不是部门副经理以上的管理人员吗？"工作人员表示要请示一下领导，请示的结果是人不见了，大堂却来了20多名保安。

多次沟通无果之后，A直接去会场，会场外却有4名保安把住大门不让A进。僵持了3个多小时未果。晚上七时许，A等人在警察的默许下进入会场。

对于公司的创始人和缔造者而言，案例1-10中的事件，堪称奇耻大辱。那有没有方法使股东能够未雨绸缪，有效防范控制权旁落？这就需要学习一项基础知识：公司治理结构的设计。遗憾的是，这一领域的知识恰恰是一些企业家最为匮乏和时常忽视的。

什么叫作最为匮乏和时常忽视？例如，中国一些企业家连名片上的头衔都会写错。

但凡公司上了点儿规模，企业家名片上的头衔普遍写的是"董事长"三个字。但董事长由谁选任，由何而来呢？按照公司治理的规则，董事长由董事会选任。但董事会的董事又是谁选的呢？答案是股东会。不过，我国众多民营企业或者为"一人有限公司"，股东人数仅为一人，或者为"夫妻店""兄弟店"，股东多一点儿，也不过两三人。那么，股东人数较少的公司，设立董事会吗？新公司法第七十五条规定：规模较小或者股东人数较少的有限责任公司，可以不设董事会，设一名董事，行使本法规定的董事会的职权。该董事可以兼任公司经理。简单说，股东人数较少，通常不设董事会。

问题来了，董事长按照公司治理的规则由董事会选任，但股东人数较少的公司既然不设立董事会，公司的"董事长"又是从哪里选出来的？显而易见，企业家自封了一个"董事长"。一查公司章程，这位"董事长"的职衔表述为公司"执行董事兼总经理"（新公司法实施之后，"执行董事"的称呼改为"执行公司事务的董事"）。

再比如，我在给 EMBA、MBA 学生上课的时候，经常问学生一个问题：一家公司的总经理是由谁来任命的？很多学生会自信满满地回答：当然是董事长任命的。

错了！

董事长没有聘任总经理的权限。总经理、财务总监等一系列公司法法定高管，其聘任权属于董事会。那"董事长"为什么总觉得自己有资格任命总经理？两个原因，第一，从规则上讲，董事长能够任命"总经理"，不是因为他是"董事长"，而是因为公司没有董事会，他作为公司唯一的"董事"等于行使了董事会的职能，方有资格聘任总经理。第二，更直接的原因是，咱们的"董事长"不仅不了解何为"董事长"，连何为"董事"也不了解，他只知道一个名词——"老板"。作为一家公司的老板，他当然觉得想给自己封什么"官"就封什么"官"，想让谁当总经理谁就当总经理，名片喜欢怎么写就怎么写。

但公司治理的知识如此欠缺，请问，你的企业对外融资和股东合作时，应该如何设计合作机制？应该怎么防范他人"篡权"？甚至如前文写的，如何防范创始人连公司年会都无法参加的情况？还有，很多老板心心念念要给员工做股权激励，为什么一再犹豫，始终不敢分配股份？还不是因为担心公司失控，甚至担心自己被职业经理人"篡权"。

那企业家应该如何控制公司，做到在企业的发展过程中放开手脚、分配股份，又高枕无忧？

第 2 章
CHAPTER 2

全发展周期的企业控制术

自 2015 年开始,股权激励和股权设计仿佛一夜之间成为企业热议的焦点,我觉得很有意思。那时,无论授课还是咨询,我已在股权领域深耕多年,算是国内股权研究较早的一批人。为什么 2015 年之前,股权类的实务操作并没有如此炙手可热呢?两个原因。第一,当时,中国经济如脱缰野马,迅猛发展,机会遍地都是,老板以个人的才智和魅力,完全搞得定,其他人只需紧随其后,落实执行即可。时至今日,单打独斗的时代怕是结束了。第二,不少企业家对分配股份持保守态度,他们认为,老板就是老板,员工就是员工,老板和员工应该角色分明。等到最终意识到分配股份的重要性,准备实施时,却又担忧分配不当，弄巧成拙，员工不像员工，老板不像老板。有位青岛的企业家曾对我讲，股权等于控制权，不可分割。另一位企业家则表达了对股权激励的认可，但同时也道出了顾虑："徐老师，股权激励的好处我们明白。比如，我们百分之百占股，一年挣100万元人民币。但占股百分之十，一年能挣到1亿元人民币，我要1亿元人民币，还是100万元人民币？肯定要1亿元人民币。但我担心，蛋糕做大了，股权分出去了，不要说1亿元我拿不到，连当初的100万元都和我没关系了。所以，我们不是不愿意分股份，而是不敢分股份！"

企业家害怕经营过程中丧失控制权。谁没听说过几个对赌失败导致控制权旁落的企业"鬼"故事呢？

但何止是操作股权激励，在股权融资、对外合作、企业上市、并购重组等一系列合伙合作、资本运作，甚至企业的整个生长周期中，无一不包含控制权设计和股权分配问题。

实际上，企业家持续控制一家公司并不难。控制企业主要分为三类方法：一为控制股东会；二为控制董事会；三为控制法人、高管及业务。其中，前两类尤为关键，一旦掌握，无论股权融资、股权激励，还是对外合作、并购重组等，企业家大可以放心进行，不需要担心大权旁落。本章就前两类方法进行叙述。

首先看一下，企业家控制股东会的方法。

2.1　企业控制术一：股东会控制术

股东会控制术大致可以分为几类：同股不同权的设置；协议控制；股权架构控制。无论哪一种，核心都是一个：股东如何紧抓表决权。

2.1.1　表决权的同股不同权如何设置

广义上，同股同权指的是持有同一类型股份的股东应当享有同等的股东权利。狭义上，可以简单将出资比例与表决权比例一致的情况称为同股同权；将出资比例与表决权比例不一致的情况称为同股不同权。

本书取狭义概念。例如：

A公司的注册资本为1000万元人民币，张三出资800万元人民币，李四出资200万元人民币，张三的表决权比例应为80%，李四的表决权比例应为20%。此为同股同权。

A公司的注册资本为1000万元人民币，张三出资800万元人民币，李四出资200万元人民币。两名股东进行特殊约定，张三出资800万元人民币，但表决权比例约定为20%；李四出资200万元人民币，但表决权比例约定为80%，写入公司章程。此为同股不同权。

2.1.1.1　新公司法新增的股东表决权内容

新公司法的规定提升了股份公司关于表决权的自由度

老公司法规定有限公司可设置同股不同权，非上市股份公司不可。同时，上市股份公司和非上市公众公司（新三板股份公司）可发行优先股，科创板上市公司可发行 AB 股。现在，新公司法实施，非上市股份公司已可以发行类别股。

相关规定见新公司法的第一百四十四~第一百四十六条。我概述如下：

第一，（股份）公司可以按照公司章程的规定发行下列与普通股权利不同的类别股：

（一）优先或者劣后分配利润或者剩余财产的股份；

（二）每一股的表决权数多于或者少于普通股的股份；

（三）转让须经公司同意等转让受限的股份；

（四）国务院规定的其他类别股。

第二，公开发行股份的公司不得发行每一股的表决权数多于或者少于普通股的股份和转让须经公司同意等转让受限的股份；公开发行前已发行的除外。也就是第（二）和第（三）种股票，新公司法实施后，上市公司不可发行。

第三，非上市股份公司虽然可以发行类别股，但有个例外，即对于监事或者审计委员会成员的选举和更换，类别股与普通股每一股的表决权数相同。

有限公司关于表决权自由发挥的空间更大

虽然股份公司在新公司法实施之后允许使用类别股，但论表决权设置的灵活性，有限公司更胜一筹。

第一，股份公司的表决权"游戏"规则，有限公司通用。

第二，有限公司可以用的，股份公司有些不能用。

例如，有限公司不只可以不按照出资比例计算表决权，甚至可以约定一人一票，按人头计算表决权。饶钢在《饶胖说 IPO：规范运作和公司治理》中列举过一个案例，见案例 2-1。

| 案例 2-1 |

一人一票的表决权举例

A 公司引入 PE，股权结构调整为创始人占股 52%，4 名新加入的 PE 占股 48%。由于创始人不熟悉公司治理，全权委托 PE 办理工商变更。但 PE 擅自修改公司章程，将股东会的表决方式改成按人头计算，一人一票。此后，双方产生矛盾，PE 联合管理层，翻出章程召开股东会罢免了创始人这位"董事长"，接管公司。

第三，还可以设计其他合理的"个性化"约定。

例如，约定公司股份分为两类，称之为 AB 股。持有 B 类股份的股东只对涉及自身利益的事项享有表决权，公司的其他事项，尤其是管理权，由持有 A 类股份的股东决定。

2.1.1.2　AB 股及优先股

什么是 AB 股

AB 股这个称呼来自美国。按中国的说法，应该称之为"普通股"（A 股）和"类别股"（B 股），本质上就是之前所讲的同股不同权。

"A 公司注册资本为 1000 万元人民币，张三出资 800 万元人民币，李四出资 200 万元人民币，张三的表决权比例为 80%，李四的表决权比例为 20%。"这一段话属于有限公司的表述方式。股份公司的表述方式如下：

"A 公司总股本为 1000 万元人民币，张三出资 800 万元人民币，依照 1 元 1 股，1 股 1 票的原则，股东张三拥有 800 万票的表决权。同理，李四出资 200 万元人民币，1 元 1 股，1 股 1 票，股东李四拥有 200 万票的表决权。"

除了 1 股 1 票以外，股东之间还可以约定 1 股 N 票：

"张三出资 800 万元人民币，表决权为 1 股 1 票。但章程中特别规定，李四的表决权按照 1 股乘以 10 票计算。于是，张三的表决权依旧是 800 万票（800 万 ×1=800 万票）。李四的表决权则变成了 2000 万票（200 万 ×10=2000 万票），李四成为公司大股东。"

原先，中国内地及中国香港的上市公司体系中，并不存在 AB 股或类似AB股的"游戏"规则，所以你会发现，众多中国的高新技术公司和互联网公司纷纷选择海外上市。甚至2017年之前，内地在港股上市的这类企业都较少。直到2018年后，这类企业才开始大量回归中国内地和中国香港的资本市场。为什么这些企业偏爱美国资本市场？毕竟中国内地资本市场的市盈率远远高于美国，在中国内地上市不好吗？即便不考虑内地，香港资本市场也不差啊。以迈瑞医疗为例，在其从纽交所退市并私有化之前，市盈率为18倍，估值为213亿元美元，而同期国内医疗行业的平均市盈率竟高达60倍。2014年，我国体检行业的领头羊之一——爱康国宾，登陆纳斯达克，其市值最高峰仅为14亿美元。相比之下，规模相似的国内另一家体检巨头美年大健康，2015年通过借壳江苏三友在A股主板上市，市值竟达到了370亿元人民币，远高于同一梯队的竞争对手爱康国宾。很多美国硅谷的高科技公司不乐意上市，更喜欢被并购，因为上市融资的市盈率可能才几倍、十几倍，越稳定的市场，高估值的公司越罕见。而一旦被谷歌这类巨头并购，市盈率可以达到一百倍甚至更高。相反，我国的企业首选上市作为资本运作的路径。退而求其次的话，宁可自主经营，也不乐意被并购。毕竟谁都算得明白经济账。同时，高新技术和互联网公司的特点在于很可能多年不盈利，依靠投资者"输血"生活，比如创新药龙头之一的百济神州。它是全世界第一家在美国、中国香港地区和中国内地（科创板）都上市的企业，但成立了十几年，也亏损了十几年，亏损额度竟达到千亿元人民币。百济神州走的是先研发后销售的路子。百济神州靠什么活着？上市，不断融资。但不断融资意味着公司创始人的股份不断稀释。于是，高新技术和互联网公司的创始人为了保护控制权，务求设置同股不同权。但当时，中国内地和中国香港的资本市场没有同股不同权的类别股设置。

2017年，阿里巴巴计划在香港交易所上市，但香港交易所当时并未设置同股不同权的制度，无奈之下，阿里巴巴舍弃中国香港，前往美国资本市场。不久后，在2017年12月15日，香港交易所宣布允许"同股不同权"，允许尚未有收入的生物科技公司上市。

2018年，中国内地推出了科创板，之后允许科创板使用AB股。但要求如下：

（1）科创板企业要搞AB股，需要在两个条件之中符合一个：①预计市值不低于100亿元；②预计市值不低于50亿元，且最近一年营业收入不低于5亿元。

（2）什么时候操作表决权差异安排？必须在企业上市前，而不能在企业上市后，并且要召开股东会会议，三分之二表决通过，修改章程。

（3）科创板的AB股有范围限制。①普通股表决权比例不能低于10%，也就是B股比例不超90%。②表决权封顶为1∶10。美国是1∶20，因为美国上市公司的股份高度分散，金融大鳄横行，常常出现恶意收购，不设多一点儿不行。

什么是优先股

优先股，是和普通股相区别的另一类股份。

优先股股东享有协议约定的优先权益，具体而言，这包括优先股股东分红优先。公司若破产，偿还债权人的债务之后公司若仍有剩余资产，优先股股东享有优先分配权。那么，优先股股东样样优先，不就偏离了股东平等原则吗？所以，作为平衡，优先股股东不享有表决权。

原有法律法规仅允许公众公司、非上市公众公司设置优先股，有限公司可以设置类似于优先股效果的类别股。但新公司法第一百四十四条规定，非上市股份公司也可以发行"优先或者劣后分配利润或者剩余财产的股份"。

按规定，有限公司股东人数上限为50人，股份公司股东人数上限为200人，因此，股份公司在股权融资的人数上强于有限公司。但一家公司，股东人数越多，越不好管理。怎么做到融资多，麻烦少？新公司法允许非上市股份公司设置优先股，等于非上市股份公司在享有募资股东人数优势的同时，控股股东仍旧享有原有表决权。

有限公司能否采用优先股？公司法未明确规定，原因在于，有限公司根本不需要"优先股"，股东间的协议约定即可实现类似优先股甚至更优的权益安排。例如，有限公司不只可以约定特定股东分红权优先，甚至可以约定保底分红、固定收益。举例来说，公司约定，股东张三每年保底分红 500 万元人民币，但公司今年利润只能实现张三分红 490 万元人民币，那么次年公司盈利，就需要给张三 510 万元人民币。当然，注意，公司这是再补给张三 10 万元的分红，而不是公司欠了张三 10 万元。优先股也属于股权，而非债权，股东应自担风险。

2.1.2 以协议控制股东会

协议控制即股东之间签署协议，将表决权集中于某一人行使。

经典的表决权协议主要包括三种：一致行动人协议，委托代理表决权协议，股东会的"一票否决权"。

2.1.2.1 经典控制协议：一致行动人协议

一致行动人协议起到什么作用？

第一，一致行动人协议是用来保护股东控制权的。举例说明。一家公司有股东四名，一名股东占股 40%，剩余三名股东各占股 20%。占股 40% 的股东张三和占股 20% 的股东李四签署一致行动人协议之后，张三成为公司表决权意义上的控股大股东。前文写了，实际占股比例多少并不重要，实际表决权比例达到多少最为重要。

当然，三名各自占股 20% 的股东，也可以共同签署一致行动人协议，以 60% 的表决权控制公司，占股 40% 的股东则成为少数派。

我甚至在一家股东之间针锋相对的公司见过这样的约定："对于

其他表决事项，各股东可自由投票。但若大股东在股东会会议上提出议案，其余股东需一致反对。"

这样的公司，恐怕难以长期经营。

| 案例 2-2 |

一致行动人协议的作用

A 有限公司有股东四人，大股东张三占股 40%，剩余三名股东占股皆为 20%。这家公司表面上占股 40% 的张三是大股东，但若其他三名股东联合，表决权将达到 60%，完胜占股 40% 的大股东张三。但张三在公司设立的时候已经考虑到控制权问题，于是他与股东李四签署了一致行动人协议，将约定事项的表决权扩充为 60%。

第二，优化不良股权结构。PE、VC 等投资机构，非常重视企业的稳定性。企业稳定性不好，企业的发展恐怕也难顺利。正如著名天使投资人徐小平所说："股权是企业的命根子、心血管和宅基地，是企业的一切。""创业的基础就是两个，一个是团队，一个是股权结构。"比如，三名股东各占股三分之一的股权结构，会让投资机构顾虑重重，生怕企业股东不合导致投资巨款付之东流。但如果其中两名股东事先签署一致行动人协议，明确了企业的主导者和最终决策权，企业的股权会更为稳定，投资机构会更愿意投资。

第三，一致行动人协议可隐藏实际控制人。

| 案例 2-3 |

一致行动人协议隐藏实际控制人

A 公司有股东四人，其中股东张三占股 50%，股东李四占股 3%，其余两名股东共同占股 47%。假设张三和李四签署一致行动人协议，股东会决议应该是张三听从李四的安排，还是李四听从张三的安排？

答案是：看协议约定，双方都可以。

但占股 3% 的小股东李四，听从占股 50% 的大股东张三的安排并不令人感到意外。反过来，若张三按照协议听从李四的安排，只要张三和李四刻意隐瞒，其余占股 47% 的股东就难以确定谁才是公司真正的大股东。因此，一致行动人协议还有一个作用，即隐藏"大股东"或"实控人"。上市公司的股东可以签署一致行动人协议，但按规定必须对外公开，就是因为上市公司不得对股民和证监会隐藏实控人。

这里插一句，公司法的实际控制人，指的是公司以外，依靠特殊方法控制公司的人。比如，张三的妻子占 A 公司 90% 的股份。张三通过其妻子控制公司，张三的妻子被称为大股东，张三则被称为公司法上的实控人。但证监会对实控人的定义更宽泛，不管张三是不是登记的上市公司股东，只要他实际上控制着公司，就被认定为实控人。

实战指引 2-1 ▶

一致行动人协议的签署要点

第一，股东之间需提前明确一致行动的具体事项。

协议要明确约定一致行动的范围，并不是大股东只要单方面决策，其余股东统统支持。例如，在企业引入投资机构之前，为保护控制权，股东之间可以确定谁是"主导者"并约定：但凡股东会投票的时候，投资机构与大股东意见相左，其余股东应无条件支持大股东。对于其他表决事项，则不做干涉。

第二，设置违约条款。

这点最重要，不然签约人违背协议，企业的"主导者"也没办法。但若有很高的违约成本，签约人必然有所顾虑。

第三，注意股权转让。

股权转让是股权转让，一致行动人是一致行动人，股东之间一致行动的约定影响不了股权转让。不管是签署一致行动人协议，还是委托代理表决权协议，都要防止协议股东私下的股权转让。

2.1.2.2　经典控制协议：委托代理表决权协议

新公司法第一百一十八条规定："股东委托代理人出席股东会会议的，应当明确代理人代理的事项、权限和期限；代理人应当向公司提交股东授权委托书，并在授权范围内行使表决权。"

该条规定，仅指股份公司。有限公司是否可以委托代理投票？公司法未明确规定，但签署合同即为有效，除非公司章程特别约定了不允许。

一致行动人协议的签署各方是股东，但委托代理表决权协议的受托人却未必一定是公司股东，可以是股东以外的人。

2.1.2.3 经典控制协议：股东会的"一票否决权"

"一票否决权"这个概念并不严谨。通常，有限公司股东会的决策遵循的是按照表决权比例进行表决的"表决制"。按人头决策的被称为"票决制"，属于董事会的决议方式。因此"一票否决权"存在于董事会，而非股东会。但若公司章程中特别约定，股东也能实现"一票否决权"的实质效果。方法很简单，提高特定事项的否决门槛即可。如，将修改公司章程约定为四分之三或者全体股东表决通过。

重大事项的"一票否决权"，主要用于小股东保护自身利益，尤其多见于投资机构。但当一家公司的大股东表决权只是相对多数，而非绝对多数时，建议也考虑设置"一票否决权"，以维护自身利益。"一票否决权"具有实践意义。但我仍旧建议，实操中最好多注意退出，而非一票否决式的互相制衡。

2.1.3 股权架构控制法

用股权架构控制公司的方法有很多。

2.1.3.1 金字塔架构控制

众多欧美国家不允许搭建金字塔架构，比如美国，其上市公司股权高度分散，原因就在于不允许大股东搭建金字塔架构。这样会导致大股东好处有限，但风险奇高，与其一股独大，不如高度分散。为什么美国对金字塔架构持谨慎态度？因为金字塔架构最大的好处和最大的坏处都在于杠杆力量太强，存在以"万"撬动"亿"的可能性。

什么是金字塔架构？

一家公司的资产如果价值为 10 亿元人民币，大股东占股 51%，公司资产归大股东的那一部分实际上是 5.1 亿元。但作为公司的实际管控者，大股东却能合法凭借 51% 的股权，管理全部 10 亿元人民币的公司资产。接下来，大股东可以抽取 5.1 亿元人民币的资产成立子公司，再寻求其他投资人出资 4.9 亿元人民币，这样一来，大股东用 5.1 亿元实际多控制了多少资产？ 4.9+4.9=9.8 亿元。（本书仅做简要概述，现实中，法律有种种规定阻止大股东肆意行权。比如，对于重大投资行为，需要 67% 表决权的股东同意方可。然而，现实复杂多变，也有策略与手段可以绕过这些法律条文的约束。）而这种操作模式，理论上具备无限扩展、无限递延的可能。这种玩法，即搭建金字塔架构。

控制上市公司的大股东所占股权比例可以更低，因为其持股数都是分子，但上市公司的分母为全体投票股东持股数，若股东不投票，等于放弃权利，不计入分母。这也就意味着，一家上市公司若只有10%的股东参与表决，那么，占股6.7%就等同于占股67%。

| 案例2-4 |

金字塔架构的杠杆控制

从图2-1中可以看出，A公司可以以51万元的出资，控制3家注册资本为100万元的公司，这便是最简单的金字塔架构。

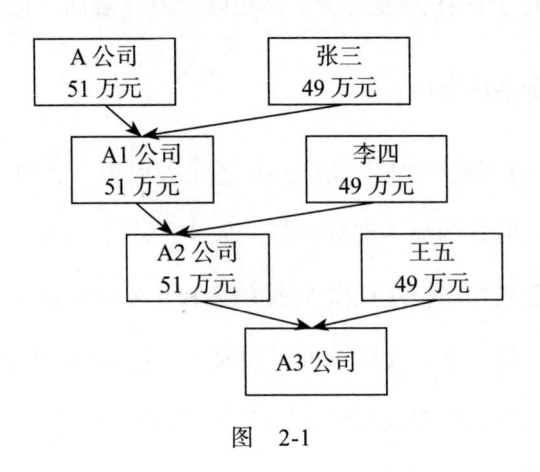

图 2-1

2.1.3.2 无主公司架构控制

| 案例2-5 |

无主公司杠杆架构

A公司共有三名股东，张三占股40%，李四占股30%，王五占股30%。该结构是典型的"大股东不大，小股东不小"。这种结构中，大股东应怎样控制公司？除了签署一致行动人协议等方法之外，还可以设计一种特殊的架构控制公司。

有一天，大股东张三向其他两名小股东提议："咱们现在的持股方式是个人持股，这种方式风险较大，一旦公司管理出现问题，很有可能牵连我们三人的个人资产。因此，我建议A公司下面再设立一家B公司。A公司作为控股公司，不经营，由B公司专做业务。这样，A公司成为咱们三名自然人股东的防火墙，起到风险隔离的作用。你们看，好不好？"

李四和王五欣然同意。

问题来了：B公司设立之后需要听从A公司的指令。但A公司是法人，而不是真正的自然人，B公司到底该听谁的？指令到底由谁下达？

答案是：谁当了A公司的法定代表人，谁说了算。因此，张三占股40%，却以A公司法定代表人的身份100%控制和管理B公司。

2.1.3.3 有限合伙企业架构控制

合伙企业分为两类：一类是所有合伙人均承担无限责任，这种类型在律师事务所和会计师事务所较为常见。另一类是有限合伙企业，其中普通合伙人（GP，但在行政机关注册的时候，该职位被称为执行事务合伙人）承担无限责任，有限合伙人（LP）承担有限责任。有限合伙企业近年来被广泛用作企业的员工持股平台，也是私募股权基金（后面简称私募基金或投资机构）主要采用的组织形式。

有限合伙企业的特点，可以通过私募基金的运作方式来具体说明。

私募基金的"私募"两个字是私下募集的简称，与其对应的为公募，即公开募集的简称。出资人一般做LP，普遍情况下，LP会将资金交给GP来运营。私募基金的盈利模式和工作范围，四个字足以概括，即募（募集）、投（投资）、管（管理）、退（退出）。

什么意思呢？

某著名投资人筹备成立人民币基金，募集规模预计为10亿元人民币。投资人四处募集资金，总算把这个基金盘子搞起来了。投资人自己做GP，出资人做LP。此为"募集"资金。

该人民币基金成立后，连续考察了将近100家备选公司，最终决定，投资其中的10家。那投资这10家公司的理由是什么？公司估值为多少？（按照股份公司的说法，即公司的每股价格为5元还是10元？）这是"投"的问题。

投资之后，基金是否派遣董事？如何对投资项目进行风险管控？如何监管投资资金的走向？这是"管"的问题。

该项目到期之后如何退出？这是"退"的问题。

那么，除了资金募集，基金运作中的一系列"投、管、退"，该由LP决策，还是GP决策呢？相信很多人一定脱口而出："自然是GP说了算！"

那问题来了：私募基金，一般LP的出资占99%，GP的出资仅为1%，LP的出资比例远远高于GP，为什么LP说了不算，GP说了算？这不符合同股同权的原理啊！

有人一定又会脱口而出："因为LP名为'有限合伙人'，法定承担有限责任，而GP名为'普通合伙人'，法定承担无限责任。一家企业，是应该有限责任的承担者说了算，还是无限责任的承担者说了算？"道理上，自然应该是无限责任的承担者说了算。

但这个说法有误。

例如，市场上有很多国有独资公司出资成立或者参与募集的基金。按照法律规定，国有独资公司（注意，我写的是国有独资公司，而非国有全资公司。国家的出资者代表100%占股，称为国有独资公司。国企100%占股，属于国有全资公司）只能做LP，不能做GP，以免承担无限责任。这类基金，通常约定由投资委员会决策项目投资，而非GP一言堂。

因此，有限合伙企业由谁决策，由合伙人自行约定。

综上所述，有限合伙企业在控制权上的好处显而易见：设立有限合伙企业作为员工持股平台。员工作为LP，企业家本人、企业家信任的人或者企业家控制的有限公司担任 GP，再由合伙协议约定由 GP 总决策，这样就产生了股份分出去，但控制权仍旧握在企业家手里的效果。所谓"分股不分权"。

| 案例 2-6 |

有限合伙企业分股不分权的作用

A 公司注册股东为两人。张三占股 90%，李四占股 10%。为促进公司持续发展和实施人才激励，张三决定实施股权激励计划。他将个人持有的 A 公司 60% 的股份转让，成立了 B 有限合伙企业，并担任该合伙企业的 GP，同时持有合伙企业所持有的 1% 的 A 公司股份。另外，他将剩余 59% 的股份分别授予 30 名核心员工。同时，LP 与 GP 签订了合伙协议，B 合伙企业交由 GP 管理。显而易见，张三总共持有 31% 的股份（个人持有的 30% + 担任 B 合伙企业 GP 持有的 A 公司股份的 1%），但其表决权总数占比却达到了 90%，起到了"分股不分权"的作用。

除了"分股不分权"的优势以外，合伙企业还有其他特殊之处，简述如下：

第一，合伙企业法允许合伙人之间自行约定合伙企业的"游戏"规则。例如，合伙人以非货币资产出资可以不经评估作价。法律规定，只要公司的出资属于非货币资产，必须评估作价。公司如此，合伙企业也应如此。但合伙企业的好处在于合伙人的合意最大，所以合伙企业法第十六条规定:"合伙人可以用货币、实物、知识产权、土地使用权或者其他财产权利出资,也可以用劳务出资。合伙人以实物、知识产权、土地使用权或者其他财产权利出资,需要评估作价的,可以由全体合伙人协商确定,也可以由全体合伙人委托法定评估机构评估。合伙人以劳务出资的,其评估办法由全体合伙人协商确定,并在合伙协议中载明。"

第二,在纳税上,合伙企业也有自身特点。以利润分配为例:公司自然人股东获得分红,公司需要先缴纳企业所得税(25%),再代扣代缴个人所得税(20%)。有限合伙企业的税务处理需视具体情况而定。有观点认为,利用有限合伙企业进行股权激励能减少分红税负,但这种说法并不严谨。若合伙企业被认定为投资基金,其个人所得税需按照20%的税率缴纳,但由于合伙企业不具备独立法人资格,因此不涉及企业所得税(这一规则同样适用于其他非独立法人企业,如个人独资企业)。然而,对于非投资基金类的合伙企业,合伙人需要根据生产经营所得,按照5%~35%的累进税率缴纳经营所得税,当全年生产经营所得超过50万元人民币时,将按照最高税率(35%)缴税,股权激励平台属于后者。因此,许多企业为了避税选择在有税收优惠政策的地区注册有限合伙企业,但该方法存在税收洼地政策变化甚至追缴以往税款的可能。

具体公司制和有限合伙制的区别见表2-1。

表 2-1 公司制和有限合伙制比较表

	有限合伙制	公司制
适用法律	合伙企业法	公司法
成立基础	合伙协议①	股东会决议/股东协议/公司章程
利润分配	由合伙协议约定	股东会决议/公司章程决定
管理结构	根据经营需要设立相应管理机构②	三会/两会
决策机制	决策灵活，可约定 GP 决策或另行约定	股东会、董事会决策
法人主体	非独立法人，对外不以企业财产独立承担民事责任	法人主体，以公司自身财产对外独立承担民事责任
责任承担	GP 承担无限连带责任；LP 以其认缴出资额为限承担有限债务责任	股东以出资额为限承担有限责任
分红税负	• 20% 个人所得税③ • 5%～35% 经营所得税④	企业所得税 25% + 个人所得税 20%

① 有限合伙企业只设合伙人投资账户，企业根据合伙人的姓名设置明细账，利润通过提款等方式分配给合伙人。

② 根据合伙企业法第三十条，合伙人按照合伙约定，对合伙企业有关事项做出决议。协议没有约定或者约定不明确，合伙人一人一票过半数通过。

③ 企业所得税法规定，个人独资企业和合伙企业皆不适用企业所得税法，因为个人独资企业和合伙企业对外投资所得的股息、红利不并入企业的收入，不计企业所得税。对外投资所得分红，个人独资企业和合伙企业与公司股东投资获得分红缴纳 20% 的个人所得税保持一致。但企业经营的经营收入，则适用经营收入的 5%～35% 五级累进税率。

④ 原先各地实行两个标准，有的按照 20% 计算，有的按照 5%～35% 计算，有的地区（如佛山）是二选一，确定后不能变。2018 年，国家税务总局统一规定为按 5%～35% 五级累进。后来为了减税降费，规定了依法备案的创投企业可以按照 20% 交税。

2.2 企业控制术二：董事会控制术

实践中，多数有限公司类的民企不设立董事会，因此，不少企业家对例如董事会会议如何召开，董事长如何而来，董事会有何作用等董事会治理内容不甚了解。但了解如何控制董事会很有必要。

第一，先前已提及，股东若仅依赖股东会会议来获知公司经营情况，信息获取渠道过于单一。原因在于，有限公司的股东会会议可以不召开，即便召开了，虽然公司法第一百八十七条规定"股东会要求董事、监事、高级管理人员列席会议的，董事、监事、高级管理人员应当列席并接受股东的质询"，但非上市公司缺乏有效的公司治理监管机制，若管理层拒不出席股东会会议，小股东照样没办法。因此，通过董事会会议了解公司经营情况，是保障股东知情权的重要途径之一。

第二，投资机构投资一家公司后，通常要求该标的公司设立董事会。原因在于，若投资协议约定得当，投资机构可能在董事会上创造有利于自身的局面，甚至获得董事会多数席位（如通过拉拢独立董事）。到那时，投资机构作为小股东，通过控制董事会控制公司，甚至驱逐公司创始人并非难事。企业家所害怕的"鬼故事"多数出现在董事会的控制失败上。那投资人如何"套路"董事会席位？请看案例。

| 案例 2-7 |

投资人"套路"企业家的演示

A 公司创始人张三开发出一项技术，国际领先。该技术已经占有了一定的市场，但尚未盈利。这类技术型企业在银行融资非常困难。于是张三找到了 B 股权投资机构，希望融资。该机构为美元基金，GP 为著名投资人李四。李四了解技术之后，认为市场前景很好，投资意愿强烈。两人首先谈到估值。B投资机构为A公司估值5亿元人民币，许诺投资价值5000万元人民币的美元，获取A公司百分之十的股份。张三认为B投资机构的估值较低，提出A公司估值为10亿元人民币，要求B投资机构出资价值1亿元人民币的美元，出让百分之十的股份。当企业家和投资机构出现估值分歧，如何协商？通常以对赌的方式解决。于是，李四对张三提出："A公司估值为10亿元人民币或者5亿元人民币，机构说了不算，企业说了也不算，该由市场说了算。这样，咱们对赌吧。如果明年贵公司的业绩增长率达到了百分之五十，B投资机构认可A公司估值为10亿元人民币。如果达不到业绩指标，B投资机构拿走A公司百分之三十的股份。"

　　换作你，是否同意对赌？可能有的赌，有的不赌，我相信很多企业家都不赌。因为很多企业家将对赌协议妖魔化了。对赌协议起什么作用？第一个作用是弥合投资双方的估值分歧，既然当下无法计算企业价值，只好以未来的业绩说话。对赌协议的第二个作用是帮助投资机构挤掉企业的财务水分。中国的一些企业家对外融资的时候，对于自己公司的具体估值并不清楚。因为企业估值并不等同于审计的净资产价值。如果不清楚自己企业的估值，请问，企业家将如何报价？是报高价，还是报低价？当然报高价！对于狮子大开口的企业家，投资人通常会说一句话："咱们对赌吧"。有的企业家听说要对赌，宁可自动降价，也不答应。于是，投资机构以对赌协议为抓手，挤掉了企业的财务水分。

不曾想，张三直接回复："我不对赌，A公司就值10亿元人民币！"

听完张三的话，李四不愿闹僵，于是表示："这事儿我一个人不能决定，需要和投资委员会商议一下。"之后，张三打电话给李四询问投资计划的进展。李四讲出三点意见：第一，B投资机构非常认同A公司的价值，虽然相对市场价格，A公司的估值较高，但是B投资机构愿意承担一定的风险。第二，B投资机构希望A公司稳步发展，跑得太快容易摔跤，因此决定不与A公司业绩对赌。但是，第三，B投资机构已经退让两步，如果这个条件A公司还不答应，就算了。况且这个条件还是证监会要求拟上市企业必经的股改过程之一。是什么条件？A公司原先并未设置董事会，张三的名片上虽然印的是"董事长"，但其实际职位为"执行董事兼总经理"（新公司法改为"董事兼经理"）。现在B投资机构加入，A公司需要按照证监会要求先行建立董事会，董事会设置三个席位，企业创始人一个席位，B投资机构一个席位，著名的企业家和技术大拿L总是李四的好朋友，李四将聘请他当A公司的独立董事。

此刻，张三需要做选择题了。如果同意，A公司将短时间内获得价值1亿元人民币的美元投资。如果不同意，投资人表示估值按照5亿元人民币计算。张三如何选择？我估计，绝大部分企业家选择获得更多投资资金。

张三也选择了获得更多投资资金。

过了一段时间，投资人李四已经和张三非常熟了。张三甚至认为，李四堪称他的知己，两人关系日渐融洽。李四还给张三带去不少资源。张三认为，本质上，两人立场一致，因为只有A公司上市，B投资机构才能获利退出。这一天，李四来到公司，闲谈的时候与张三讲："老张，咱们这么好的技术，怎么也得上市，但咱们无论是利润指标，还是销售额指标，距离登陆相关板块，仍有一段距离。老张，你觉得你会不会做销售？"一般搞技术的会做销售吗？不会。"那你看，为了达成我们共同的上市目标，咱们公司有没有必要聘请一位销售界的'大神'过来？"当然需要。但张三认识这一类销售"大神"吗？不认识。投资行业经常有一句话，融资不只是融资，更是融资源。于是，投资人李四对张三说："我正好有一个朋友，刚从上市公司出来，正在寻求新的机遇，要不你们谈谈？"见面一谈，双方相见恨晚。张三极力想让这名销售"大神"加入其团队。但这一类能力超群的人到一家公司任职，光给工资行不行？他们必然要求老板给一定的股票或者期权。销售"大神"提出要求：去A公司可以，但A公司的销售必须由他全权负责，张总要充分授权，不得干涉。这种要求正常不正常？正常！然后销售"大神"又讲了一句话："我要当董事！"

大家算一算，现在A公司的董事会席位是几比几了。张三已经慢慢被投资人包围了。

此刻，时机成熟，李四向张三摊牌："张总，你应该知道我们是3年期的基金。"什么是3年期基金？高净值人群将手上闲散资金交给投资机构打理之前，对该机构一定要摸清楚回报周期和回报率。3年即回报周期。"明年我们这家私募基金将要到期，A公司再不上市我没法向LP交代。所以，我这次来，是通知你一件事，咱们需要签署一个对赌协议，明年A公司务必上市！"

投资人后发制人，此刻的企业创始人张三到底赌还是不赌？

张三讲，他不赌！此刻B投资机构已经有投资人、独立董事、销售副总，合起来3个席位，而张三是少数席位（这位所谓的独立董事，并不独立）。所以张三若不同意对赌，李四将以副董事长的身份强行召开董事会，以多数票决比例通过，罢免张三的董事长，选举李四当董事长。然后李四作为新任董事长继而提名销售副总任公司新总经理。张三张总，请回家歇一段时间去吧。

股东要知道，董事长是董事会选举的，且董事会的"游戏"规则是票决制，即一人一票，按照人头计算，与股东表决权多寡无关。所以张三虽为大股东，但是作为董事会的少数派，他说了不算。而且，不只是董事长的聘任权在董事会，总经理、财务总监和副总等一系列高管，统统由董事会聘任，而非股东会，非大股东，更非企业"老板"！一家公司，没有一个称之为"老板"的职位。按照公司治理的原则，只有个体工商户才有"老板"这个称呼。

张三没得选，只能赌。谁知，投资人又给了他两个选择。

第一个选择，若IPO失败，张三作为大股东，按照协议约定以溢价回购投资人的股份。一般情况下，企业家回购投资人的股份，通常会以当初投资款的两倍为基础价格计算，即当初机构投资了价值1亿元人民币的美元，张三需要以2亿元人民币回购，甚至更多，具体看约定。

第二个选择，对赌协议+雇佣条款。雇佣条款的意思是，如果IPO不成功，对赌失败，投资人有权派遣新的职业经理人管理公司，公司创始人张三还是得回家歇着去。你是张三，将会选择哪一个选项？

没得选，张三的选择在于，要么明年成功IPO，要么被驱赶出公司。

有人讲，企业家有这么傻吗？第一，以我在各个地方的EMBA和MBA授课经验来看，相当一部分企业家对于董事会的作用及运作方式不甚了解，甚至很多企业家都有跳入投资人"陷阱"的经历（也请理解投资人，毕竟对方投资上百家公司，每家公司只占股10%～20%，你说他该怎么办？）。第二，时也，势也。当企业运转缺钱，且企业家缺乏公司治理知识的积淀时，仓促谈判，一定能谈到位吗？人在局中，难以跳出来看自己！

企业家应该如何控制董事会呢？

第一，董事会为票决制，一人一票，因此，公司中企业家的董事会席位务必占多数，此为重中之重。

第二，企业家应该争取担任董事长这一职务。为了增强董事长的职权，部分企业试图在章程中规定"总经理由董事长聘任"，期望以此扩大董事长的权力范畴。然而，这一条款不具备法律效力。公司章程可以做如下修改：总经理的候选人应由董事长提名。获取提名权，等于控制了总经理这个职位的人选。为什么要对总经理的职位加以控制？因为可以在章程中进一步细化规定，副总经理和财务总监的聘任，由总经理提名（新公司法第六十七条）。

第三，企业家需要小心投资机构在相关协议中设置的一个关键条款：投资机构派遣到公司的董事拥有一票否决权。

何为"一票否决权"？请看下一小节。

2.3 PE、VC夺取控制权的基本方式

上一小节，我概述了股东控制董事会的几种简明策略。本节，我将进一步探讨企业家与私募基金打交道时，应该如何审慎关注并应对私募基金所采取的其他风险控制手段。首先，需要澄清的是，很多报道将私募基金的风险控制手段妖魔化了。现实中，不少企业财务不规范，并且漠视小股东的权利。私募基金的商业模式，通常是在一级市场投资，并期望在二级市场实现退出，但众所周知，最终成功上市的公司凤毛麟角，基金投资上百家公司，可能仅有七八家公司上市而已，甚至颗粒无收也并不罕见。因此，基金撒大网捕鱼，投资多家公司，每一家公司只占股10%～20%，如果不实施严格的风险控制措

施,基金作为小股东,其权利保护自然无从谈起。

只不过这个保护,对于许多企业家来说过于"充足",甚至苛刻。

VC、PE 等投资机构,如何进行"投资"的风险控制呢?简单概括,两大套路。一个是"经济性"套路,一个是"控制性"套路。我先说"控制性"套路。

2.3.1 "控制性"套路

"控制性"套路,在上一小节我已经写过,其典型方式即谋取董事会席位。很多美元基金乐于以优先股形式投资,而优先股股东不具备表决权。因此,投资人标榜自己不介入股东投票,以示尊重公司创始人的股东权利。然而,作为优先股的投资人虽然不享有股东表决权,但他一旦进入董事会,有了董事会席位,就代表他拥有董事会票决权。在企业家了解了董事会席位的重要性,坚决反对投资机构获取董事会多数席位后,投资机构将退而求其次,于投资协议中设计"一票否决权"条款。

"一票否决权",指的是公司管理运营中的重大事项和某些决议,需要董事会特定董事同意方可通过。

前面讲过,股东之间的约定本质上无"一票否决"这类方式,该方式属于董事会的议事范畴。

"一票否决权"条款的约定有几处重点：

第一，"一票否决权"条款通常被纳入股东协议，而非公司章程。新公司法第七十三条规定，"董事会决议的表决，应当一人一票""董事会作出决议，应当经全体董事的过半数通过"，所以，若试图通过公司章程约定所谓"一票否决权"，其法律效力存在疑问。但写入协议之中，只要表达方式合乎规范，内容合乎法律规定，则属于有效条款。

第二，重大事项指的是什么？

很多投资者将"（1）标的公司（含控股子公司）进行合并、分立、增资、减资、发行可转换债券、回购股本；（2）标的公司（含控股子公司）清算、解散、变更公司形式或修改公司章程……"等决议内容都列入重大事项和"一票否决权"的范围，但问题是，"标的公司合并、分立、增资、减资、清算、解散、改章程……"等事项属于股东会职权范围，还是董事会的职权范围？其实属于股东会职权范围。

既然属于股东会的职权范围，若被投资人董事"一票否决"了，该行为是否具有法律效力呢？

这就涉及公司治理中三会运作的会议程序问题。股东会作为最高权力机构，也是会议机构，它本身不产生议案，议案由其他部门提交。由谁来提交？根据公司法的规定，单独或者合计持有公司百分之一以上股份的股东、董事会和监事会都有权提出提案。股东会的提案提交到哪里？一样要提交到董事会，再由董事会提交股东会审议。但是，若该议题在董事会环节被投资人董事"一票否决"了，怎么上得了股东会？

你可能提出疑问：股东未必不能跳过董事会向股东会提交议案并审议吧？所以，为了保证"一票否决权"的条款效力，投资人还会在投资协议上进一步约定"一票否决权"事项的救济条款及违约条款。

"未经投资方所推荐的董事或投资方的股东代表明确赞成，标的公司实施本协议第×条所述一票否决权事项，原股东、实际控制人应向投资方按投资价款总额的百分之×支付违约金。另外，投资方有权视情况采取如下措施：

要求标的公司限期改正、重新履行决策程序或终止实施相关交易或事项。标的公司未在指定期限内改正或未重新履行决策程序或未终止实施相关交易或事项的，原股东、实际控制人应以迟延天数乘以投资价款总额千分之×的金额向投资方支付违约金；当迟延天数超过×日，投资方有权要求原股东、实际控制人回购投资方所持标的公司股权。"

而回购价格，肯定是溢价的。溢价卖掉，一走了之。投资人干脆不玩了。

| 案例 2-8 |

宝万之争的董事会险胜

（该内容主要来自饶钢所著《饶胖说 IPO：规范运作和公司治理》）

投资机构进入后，公司需要规范化运营，不再是"一言堂"和"老板说了算"。公司运营大事，需交由董事会决策。董事会的"游戏"规则，成为摆在企业家面前必须学习的一个基本知识。

请看宝万之争的案例。

华润原本是万科的第一大股东，万科的众高管紧随其后为第二大股东。2015 年开始，宝能于二级市场大举收购万科股份，最终跃居万科的第一大股东。万科寻求"白衣骑士"，最终与深圳地铁达成合作意向。深圳地铁拟以三个深圳地块作为出资，意在成为万科的大股东。但此出资及大股东变更属于重大资产重组事项，按规定需获得股东会 67% 的表决权通过。在股东会审议之前，该事项还需先经过董事会这一关。万科章程规定：公司重大资产重组，需要三分之二董事票决通过。

请看万科董事会格局。

万科董事会：万科管理层 3 人，平安 1 人，华润 3 人，独立董事 4 人。共计董事 11 人。三分之二票决通过，即需要董事会 8 人同意。

万科 3 人自然同意，平安的 1 票支持万科，这样就有了 4 票。华润 3 票全部反对。于是，万科管理层还需要争取万科 4 名独立董事全部同意。

独立董事是什么意见?

4名独立董事之中有2名宣布支持万科,剩余2名独立董事因故未参会,但其中一人将投票权委托给了来到现场的H董事,H董事替她投给了万科。于是万科现有7票,还剩下关键1票。关键1票的Z独董要赶飞机,电话参会。Z独董意见如下:"我最近刚刚入职黑石基金。黑石基金和华润、万科都有交易,而且数额巨大。所以我征求了律师的意见,因涉及利益冲突,我需要回避表决,需要弃权。"

请问,Z独董的回答对哪一方有利?在支持哪一方?

Z独董谁也没有支持。

因为回避表决和弃权是两个意思。

请看分子和分母的计算。

重大资产重组需三分之二董事同意。分子是什么?是同意的董事。那分母又是什么?如果为"弃权",分母应包括Z独董,依旧为11人,但分子为7,因此不过。但如果为"回避表决",无论是分子还是分母,Z独董全都不计算在内,这样一算,分子为7而分母为10,7除以10,通过!

但Z独董的回答既包含"弃权"又包含"回避表决",彼此矛盾。此刻,万科董秘反应极快,Z独董话音一落,董秘立即追问:"您的意思是,您属于利益关联,所以回避表决,是这个意思吧?"对于

"弃权"二字，一字未提。Z独董只好回答："没错。"万科董秘又来一遍："回避表决，对吧？"Z独董说："对！"万科董秘又说："我提醒您，回避表决的话，需要书面陈述回避理由，签字，我们要加入公告。"Z独董说："好，我写。"

万科得胜。

2.3.2 "经济性"套路

"经济性"套路，即签署多种经济补偿类协议，比如著名的对赌协议、拖售权条款等。但一个个名词解释起来既费功夫，你也不愿意看，所以我以两个经典的老案例，将一个个条款串联起来。

| 案例 2-9 |

某餐饮企业签署对赌协议

Q公司的案例非常典型，它与投资机构签署的协议，恰好构成了投资协议中较为经典的连续性经济类条款：投资人以购买优先股出资，双方签署对赌协议—对赌失败触发股份回购条款—公司大股东或者实控人无力回购，触发拖售权条款+清算优先权条款。最终创始人出局。

Q公司创始人Z总于1992年创办了"某餐厅"，2000年创办了某著名餐饮公司Q公司。后来，Q公司拿下世博会的餐饮配送项目，成就了其高端的品牌形象。2008年，D机构投资了Q公司等值2亿元人民币的美元，换取 Q 公司 10.53% 的股权，因此，Q 公司估值约为 19 亿元人民币。

双方投资协议约定：D 机构以优先股入股，签署对赌协议，并约定 Q 公司需要于 2012 年年底之前上市。如果对赌失败，创始人 Z 总需要按照协议约定价格回购 D 机构所持有的 Q 公司的 10.53% 股份。

2011 年 3 月份，Q 公司向中国证监会提出上市申请。恰逢此时，中国证监会忽然宣布：所有餐饮行业暂停上市。因为当时微信等快捷支付方式尚未普及，餐饮行业的采购端与销售端全部使用现金交易，导致收入和成本无法可靠核算。而当时登陆资本市场的餐饮公司仅有两家：国有企业"全聚德"及民营企业"湘鄂情"。

内地无法上市，对赌协议又在步步紧逼，Q 公司宣布启动赴港上市。但赴港上市同样困难重重。境外上市主要有两种方式：一为直接上市，需要经过证监会国际部的审批，耗时长，结果难料。二为红筹上市，即在境外设立控股公司，再以此于境外上市，这就是俗称的搭建红筹架构。这种方式无须证监会国际部的审批，但需遵循商务部 10 号文[⊖]的规定。为规避该文件，有些企业家选择更改国籍，比如 2017 年某食品公司在中国香港上市前，大股东就将自己所有股份转给了具有海外国籍的配偶。

Z 总因此匆忙更改国籍规避了 10 号文，获得了赴港上市的许可。

⊖ 即《关于外国投资者并购境内企业的规定》。

而在此时,"八项规定"来了……

转眼到了2012年年底,Q公司未能实现对赌承诺,从而触发了"股份回购条款"。这一条款意味着,对赌失败后,创始人Z总需按高于D机构最初投资的价格回购D机构所持有的公司股份,比如,按照投资原价的2倍或2倍以上价格计算。因此,D机构当初投资了等值于2亿元人民币的美元,现在的回购价格最少应该达到4亿元人民币。

但创始人Z总不具备股权回购的资金实力,导致触发"拖售权条款"。

什么是"拖售权条款"?是Z总既然不能回购,D机构只能把自己10.53%的股份转让给第三方吗?如果转让价格依旧为2亿元人民币,请问D机构是亏了、赚了,还是不亏不赚?投资机构的资金也有成本,只要没有一定的收益,就算是亏。而且当初协议约定,D机构投资了等值2亿元人民币的美元,Z总的回购价格应该不少于4亿元人民币。因此,"拖售权条款"指的不只是转让投资机构持有的股份,还包括有权利将Z总的股份卖掉来凑够4亿元人民币。因此"拖售权条款"也被称为"强售权条款""领售权条款",强制把他人的股份卖掉,才是重点。

Z总无力回购,D机构启动了"拖售权条款",将Q公司的股份卖给了C机构。但是C机构提出要求,此次收购需要占Q公司82.7%的股本。根据"拖售权条款",D机构除了将自己10.53%的股份卖掉之外，还有权强制将 Z 总超过 70% 的股份也卖掉。至此，C 机构正式成为 Q 公司的大股东，占股 82.7%，管理团队占股 3.5%，原大股东 Z 总的剩余股份占比为 13.8%。

多年创业，江山易手。

后面还有一段故事。

C 机构并购该餐饮公司，采用的是资本市场典型的杠杆收购。并购总费用为 3 亿美元，其中 6000 万美元来自中国香港某银行的贷款，且这 6000 万美元是以待收购的 Q 公司未来现金流做抵押的。简而言之，C 机构以 Q 公司未来的收入作为抵押获取香港某银行 6000 万美元的贷款，购买 Q 公司的股份，之后再以 Q 公司未来的收入偿还贷款，这便是所谓的杠杆收购。但 2014 年后，餐饮行业并未回暖，C 机构无法偿还 6000 万美元的贷款。于是剩下两个处理方案：第一，C 机构自掏腰包偿还银行的 6000 万美元贷款。第二，把 Q 公司这个烂摊子丢给银行，一走了之。C 机构选择了后者，银行正式接管 Q 公司，创始人 Z 总终遭驱赶出局。

| 案例 2-10 |

投资转收购：阿里巴巴全资收购饿了么

"饿了么"这家公司，大家都很熟悉，我一直觉得它这个名字取得蛮好。该公司于 2008 年成立，2011 年 3 月，它获得来自金沙江创投的数百万美元投资，之后一路畅通，获得各路资本的青睐。尤其是 2015 年，短短一年，饿了么进行了 4 轮融资，几乎投资界和互联网界的大咖尽数参与。其中，2015 年 8 月的这一轮，华联股份参与投资。

但是从 2015 年 12 月开始，饿了么的所有融资均来自阿里系（见表 2-2）。详细融资情况如下：2015 年 12 月阿里系投资饿了么 12.5 亿美元。2017 年 4 月阿里系再次投资 10 亿美元。2017 年 6 月，阿里巴巴与旗下蚂蚁金服联合对饿了么进行了最后一轮投资，金额为 4 亿美元。至此，阿里系持有的饿了么股份已攀升至 32.94%，一跃成为饿了么的第一大股东。饿了么为了并购百度外卖，背水一战，融资成功，但创始人却因此失去了大股东地位。

但仅仅不到一年，2018 年 4 月 2 日，阿里巴巴集团突然宣布：阿里巴巴以 95 亿美元的价格全资收购饿了么。什么是全资收购？就是所有股东将百分之百的股份转让给阿里巴巴。令人好奇的是，100% 股份的全资收购，在股东较少的公司容易实现，但股权如此分散的公司，股东们是怎么做到心有灵犀，一致同意将股份全都卖给阿里巴巴的？

表 2-2 饿了么融资顺序表

时间	融资轮	金额	投资机构
2011 年 3 月 1 日	A	数百万美元	金沙江创投
2013 年 1 月 1 日	B	数百万美元	经纬中国、金沙江创投
2013 年 11 月 1 日	C	2500 万美元	红杉中国、经纬中国、金沙江创投

(续)

时间	融资轮	金额	投资机构
2014年5月1日	D	8000万美元	大众点评网
2015年1月23日	E	3.5亿美元	中信产业基金、腾讯产业共赢基金、京东、大众点评网、红杉中国、阿里巴巴、蚂蚁金服
2015年8月27日	F	6.3亿美元	华联股份、中信产业基金、华人文化产业基金、腾讯产业共赢基金、京东、红杉中国、歌斐资产
2015年11月13日	战略投资	金额不详	滴滴出行
2015年12月25日	pre-IPO	12.5亿美元	阿里巴巴、蚂蚁金服
2017年4月1日	战略投资	10亿美元	阿里巴巴、蚂蚁金服
2017年6月22日	战略投资	4亿美元	阿里巴巴、蚂蚁金服
2018年4月2日	被收购	95亿美元	阿里巴巴

恰在此时，作为股东的华联股份发布公告，告知了公众真相。公告写道："由于公司未向Rajax发出书面同意意见，董事张旭豪已代表公司签署全部交易文件。公司将必须接受本次交易安排，将所持有的全部股份转让给Ali Panini Investment Holding Limited，交易对价为1.847亿美元。"意思就是，华联股份没有打算卖掉自己所持有的饿了么股份，但是不卖还不成。股份能够强制卖掉吗？可以，前面已经讲过了——"拖售权条款"。简单的拖售权条款内容大致如下："在合格IPO之前，如果多数优先股股东同意出售或清算公司，剩余的优先股股东和普通股股东应该同意此交易，并以同等价格和条件出售其股份。"

所以我们看到华联股份的公告讲道："阿里巴巴之前已接触过Rajax全体股东并表达收购意向。基于2017年8月签署的ROFR（共售权）协议中关于强制拖售权的安排，若Rajax未来发生并购、重组、资产买卖、股权买卖、控制权变更等重大清算事件，在阿里巴巴、Rajax多数优先股股东以及多数普通股股东书面同意的情况下，其他未书面同意的股东必须接受并执行交易安排。"

拖售权条款，到底怎么理解呢？

第一，该条款通常用在并购交易当中。投资机构的最终目的是以合理价格退出，常见的退出途径无外乎几种方式：IPO退出、并购退出和管理层回购。但当标的公司无法上市，投资机构退而求其次要求标的公司的管理层回购，而管理层无力回购时，怎么办？投资机构只能选择并购退出。所谓并购退出，就是将标的公司出售。但是企业的创始人不同意怎么办？这个时候，拖售权条款就发挥作用了。

第二，拖售权条款通常与清算优先权条款一同使用。所谓清算优先权，指的是公司发生清算，或者发生视同清算事件时，优先股股东有权优先获得公司的资产。简单讲，公司清算时面临两个问题，一是清算完毕，剩余资产如何分配？答案是先给优先股股东。二是分多少？该数额在投资机构进入之前已经协商确定，通常为投资款的倍数。例如，投资机构投资1亿元人民币，约定2倍回报，则清算时，除了债权人以外，投资人先拿走2亿元人民币，剩余部分才归创始人。那何为视同清算事件？并购、重组、资产买卖、股权买卖全部都算。

比如，美国某创业公司未来可期，但当下尚未盈利。该类公司难以获得银行的支持，后来某投资机构投资了该公司。但不久后，该投资机构通知公司创始人，机构的 LP 要求清理未盈利的投资项目，并要求该公司创始人在限定时间内找到买家，否则机构将启动拖售权条款，强制出售创业公司。创业者未在规定时间内找到买家，该投资机构于是启动拖售权条款，令一家公司强制收购了该创业公司。此时，创业公司的售价已经不取决于该公司实际价值，而是取决于买方的出价。买方出价 500 万美元，而这家公司当时账户上还余 500 万美元，等于"零元购"！那这 500 万美元将归创始人吗？不会。假设当初投资机构投资该公司 500 万美元，协议约定按投资额度的 2 倍退出，投资机构应该拿走 1000 万美元。也就是 500 万美元全给投资机构，创始人还欠投资机构 500 万美元。更糟糕的是，创始人如果用家产做了担保，那不要说公司没了，家产都要赔进去。很多创始人为了融资，在协商优先清算权条款的时候，往往以自己的家产做担保。

刚才那个故事还没结束。当初花了 500 万美元购买该创业公司股权的买家，原来就是这家投资机构的关联公司！该投资机构并非真正看中这家公司的未来前景，而是想设局低价收购。

当然，境外注册的美元基金可以签署"拖售权条款"等系列条款。对于纯粹内资公司而言，签署含有"拖售权条款"的协议，未必得到我国法院的支持和法律的保护。因此，我提醒各位寻求融资的企业家，在融资过程中，应审慎考察投资机构的背景和真实意图，进行必要的尽职调查和了解。

PART 2
第二部分

出资中的股权保护

第 3 章
CHAPTER 3

安全第一：股东的风险隔离

3.1　股东投资安全第一

我询问过不少创业者和企业家："做生意应该成立什么性质的公司？"几乎所有人都回答："首选有限公司。"为什么呢？因为他们认为有限公司承担有限责任，能保护出资者的家庭资产和个人资产不受牵连，毕竟安全第一。

但这里面有两类问题需要讨论。

第一，到底什么是有限责任？到底由谁来承担有限责任，是公司还是股东个人？很多企业家张罗股权激励，但员工参与感不强、不热心。原因之一，企业家为公司承担了很多负债，员工担心被牵连。于是企业家告诉员工，你们承担的是有限责任。但当问到，到底什么是有限责任时，往往无论是企业家还是员工都无法确切回答。

第二，出资人成立一家有限公司，是否意味着，出资人或者说股东必然承担有限责任？今天股东承担有限责任，明天股东必然还承担有限责任吗？什么情况下，股东从有限责任转为连带责任？即便成立的是有限公司，是否也起不到风险隔离的作用，仍会牵连到个人资产？

3.1.1 有限责任到底保护谁

| 案例 3-1 |

到底应该由谁来承担有限责任

张三投资了两家公司，A 公司为有限公司，B 公司为股份公司。两家公司实缴资本均为 1000 万元人民币。两家公司张三各自占股 20%，即分别出资 200 万元人民币，共出资 400 万元人民币。

请问，A 有限公司和 B 股份公司的股东有限责任是否一样？

不一样。

有限公司的股东有限责任为 200 万元人民币，股份公司的股东有限责任为 200 万股。

两者有何区别？

区别在于，股份公司的 200 万股，并不必然等同于有限公司的 200 万元。以 B 公司为例，若原始股价为 1 元/股，张三的责任限额自然是 200 万元人民币。但若公司经营良好，每股价格升到了 10 元，那么 B 股份公司张三的责任限额增加为 2000 万元人民币（10 元/股 × 200 万股）。若公司经营不善，每股价格跌至 0.1 元，张三的有限责任降为 20 万元人民币（0.1 元/股 × 200 万股）。

两类公司有限责任的不同之处在资本市场上体现得尤为淋漓尽致，尤其是在中国香港地区和美国这样高度成熟的资本市场中。

比如，中国香港某上市公司，其净资产为 100 亿港元。但遗憾的是，股民并不看好这家公司，其股票沦为"仙股"[⊖]。若该公司每股仅值 0.1 港元，当时市值仅为 10 亿港元，那么就意味着该公司的市值还不及净资产高（净资产值 100 亿港元，市值仅值 10 亿港元）。请问，该上市公司的有限责任如何计算？按照净资产价格计算还是按照市值计算？是 10 亿港元的市值还是 100 亿港元的净资产？

或者说，到底是公司承担有限责任，还是股东个人承担有限责任？

请记住这两句话：股东，以注册资本为限，承担有限责任。公

⊖ "cent"，即美分的粤语发音。如果你是中国香港电影迷，会看到电影里面的演员在一"仙"两"仙"地论价买东西，就指的是一分两分。因此，仙股代指垃圾股。

司，以全部财产为限，承担公司的债务责任。

所以，有限公司的重点不是谁承担有限责任，而是谁承担了公司债务。正因为公司承担了债务责任，股东才承担有限责任。

假设，A公司为有限公司，负债1亿元人民币，公司经审计净资产为2000万元人民币，认缴注册资本为1万元人民币。股东张三占股20%。请问，如果A公司破产，张三承担的终极责任是多少？

回答：因为股东承担有限责任，所以张三本人承担1万元×20%=2000元人民币的"有限责任"。

如果A公司申请破产，张三作为股东仅承担2000元人民币的责任，那么A公司承担的责任应该是多少？

回答：A公司承担的责任为2000万元人民币，即公司值多少、有多少，就赔多少。

3.1.2 预防股东承担有限责任转为无限连带责任

现在，你搞清楚了，公司股东以出资额度为限承担有限责任。而公司作为"独立法人"，和"自然人"一样，独立承担公司所有的债务责任。

那么，股东只承担有限责任吗？除了公司向银行贷款，股东和银行签署个人担保公司债务的协议,是否还有其他情况,导致股东由有限责任转为无限责任,也就是本应该承担有限责任的股东,却替公司承担了债务责任,导致自家几十年的辛苦积累血本无归?

有的。

这类情况我国法律称之为"人格否认制度",英美称之为"揭开公司面纱"或者"刺破公司面纱"。

接下来,我们讨论两个问题。

第一个问题,公司为什么能够对外独立承担债务责任?

第二个问题,股东承担连带责任的类型有哪些?

先回答第一个问题。

3.1.2.1　公司对外独立承担债务责任

公司为什么能够对外独立承担债务责任?

很简单,因为公司本身是"独立法人"。

何为"独立法人"?

我们每个人,作为生物学上的人,会吃喝拉撒,出了错、犯了法,还得承担责任。而公司,不是一个生物学上的人,它是法律概念上的"拟制人",虽然只是"拟制",但它同样具备独立承担责任的能力。所以，公司是"独立"的"法定"的"人"，即"独立法人"。

因此，公司的财产才是公司的，谁侵犯了"法人"的财产，就得承担相应的法律责任。

| 案例 3-2 |

被坑的职业经理人

某职业经理人张三，工作能力强，工作态度认真。有一天，他为公司办理事务却私人垫付了 20 万元，但该支出没有开发票。张三找到老板李四报销，进行所谓的"白条入账"。李四当即口头通知财务总监予以解决。不久后，李四低价转让给张三 50 万股股份作为股权激励，并约定三年之后，李四按照当年净资产价值予以回购。三年之后，张三觉得自己年纪大了，钱也攒够了，于是向李四表示想要回老家养老，同时要求老板兑现承诺，回购股份。谁知李四却当即翻脸："经查实，当初你白条入账了 20 万元，当时财务归你管，我没有签字，请你解释一下，怎么回事？"

于是，张三妥协，放弃股份变现的权利，独自回到老家。

什么是"白条入账"？没有理由和凭证，拿走公司 20 万元。这属于什么性质？属于侵占公司财产，可以入刑。无法自证清白的张三最终选择了独自离开。

所以，我们有必要了解什么是"公司"。

与"公司"相对应的是"私司"。

个人独资企业、个体工商户，属于"私司"。

个体工商户的企业主，中午饿了，直接从装满当天营业额的钱匣子里面拿走300元去吃饭，不违法。为什么？因为作为"私司"，企业财产和个人、家庭财产混同不分，企业主从钱匣子里面拿走的，既是企业财产，也是个人财产。正因为"公私不分"，所以个人独资企业和个体工商户等企业主，承担无限责任。

"公司"则公私分明，公司财产和个人财产需要严格分离。也就是只要公司规范经营，企业主没有把"公司"干成"私司"，那公司作为"独立法人"，就应自行承担其债务责任。以此为前提，股东得以承担"有限责任"。

例如，张三成立A公司并对外借款1亿元人民币。若A公司亏损，仅余2000万元人民币的净资产，无法偿还剩余的8000万元人民币的外债。而张三本人拥有一栋楼、一栋别墅，别墅里面摆着八辆劳斯莱斯，恰好价值8000万元人民币。请问，张三本人并未给A公司提供担保的前提下，其个人财产需要为A公司承担债务吗？

显然不需要。

若亲戚朋友去管张三索要债务，张三完全可以理直气壮地回答（当然，道德上如何回答是另一个问题）："谁管你们借的钱？如果是公司借的钱，请债权人管公司索要债务。"

| 案例 3-3 |

公私分明则法人独立

某连锁超市即将倒闭的传闻惊扰了"睡梦中"的供货商，供货商匆忙涌向连锁超市要求立即结清货款。对此，连锁超市早有准备，明确指出：与供货商签署合同的为××销售公司，请各位依法依规直接联系该销售公司处理货款事宜。但众所周知，销售公司往往资产薄弱，甚至连办公场所都是租赁的。果然不出所料，销售公司负责人表示：公司一没资产，二没资金。若债权人采取极端措施催债，公司将不得不申请破产！但反过来，销售公司若继续经营，以该公司多年来的市场沉淀和品牌效应，只要度过危机，一定能偿还供货商的货款。于是，销售公司负责人提出一个"大胆"建议：销售公司欠了A糖果公司1000万元人民币的货款，销售公司要求A糖果公司继续供应1000万元人民币的货物，以维持连锁超市运营，销售公司则支付A糖果公司200万元货款。之后A糖果公司继续供应800万元人民币的货物，销售公司再支付200万元货款，以此类推。A糖果公司是否同意？如果不同意，那么销售公司就申请破产……

这个例子体现出了"法人公司，自负盈亏。"

通过以上内容，你应该懂了，作为一家公司，股东承担"有限责任"。而股东承担"有限责任"的前提是公司是"独立法人"。

但如果公司的"老板"公私不分，把公司当成自己的提款机、为所欲为呢？例如，股东挪用公司资金给自己及家人购置高档奢侈品，股东挪用公司资金支付子女海外留学的巨额费用，以及最典型的偷税漏税等。一旦发生以上行为，等于"刺破公司面纱"，否认了"法人人格"。结果就是，股东承担"有限责任"转为承担"无限责任"。接下来讲第二个问题。

3.1.2.2 股东承担连带责任的类型

在司法实践中，对于因股东行为导致"刺破公司面纱"，进而引发股东承担连带责任的判定过程相当复杂。不过，大致可以将股东不当行为归纳为三个主要类别：一是"人格混同"；二是"过度支配与控制"；三是"资本显著不足"。

第一，人格混同。法律上将此称为"法人人格形骸化"。人格混同，又可以进一步分为财产混同、业务混同、人员混同、住所混同等。其中，财产混同最典型，例如，企业家将其个人及家庭的消费全部计入公司账户，连买洗发水都向公司"报销"。

第二，过度支配与控制。它是常见于民营企业的公司治理问题。在一些企业家的思维里，公司是我的，我想怎么样就怎么样。例如，母子公司、兄弟公司之间利益输送（堂弟是下游经销商，白送给他一些货）。再如解散原公司，设立新公司，却继续使用原公司场地、人员、机器设备并从事同一业务（美国中小企业的平均寿命长于中国中小企业，我认为，原因不在于中国企业管理能力差，而是中国的企业家常常出于各种原因更换公司名称）。

第三，资本显著不足。例如，实缴出资后非法抽回注册资本，故意降低注册资本额度，甚至设立 1 元认缴的公司，导致公司股东的资本投入与公司经营风险不匹配。这类情况反映股东并无经营诚意，也可能导致股东承担连带责任。

3.1.2.3　如何避免股东承担连带责任

第一，避免企业财产与个人财产混同，包括人员混同、业务混同。具体而言，各公司务必设置独立的会计账簿，坚决杜绝账目混同的情况；股东不得擅自使用公司资产而无财务记录；禁止母子公司的主要高管为同一批人且出现违反独立法人原则的行为。

| 案例 3-4 |

如何判断人格混同

A 有限公司，股东有两人，张三和李四。张三和李四还成立了 B 公司。不久后，张三的妻子王五又成立 C 公司。后来 C 公司委托 D 公司生产一批产品，但并未结算。D 公司起诉 C 公司要求付款。C 公司表示公司亏损严重，无力偿还欠款。D 公司即要求 A、B 两家公司与 C 公司一起承担连带责任。经调查后，法院判决 A、B 两家公司承担连带责任。原因如下：①三家公司的董事、高管、财务负责人及出纳会计为同一批人；②三家公司不仅主营业务相同，都为土木工程建筑，甚至连企业简介、工程协议等都使用同一模板；③三家公司共用账户，用款签字为同一高管签名。

第二，支配和控制不得过度。股东控制和支配一家公司并无不妥，但不得过度。例如，母子公司可以进行关联交易，但务必确保合同及账务手续完备，交易公平公正，切勿出现母子公司交易时，利益归一方，亏损归另一方。再如，子公司应经营权自主，避免所有事项都由母公司决策并执行。尤其应该避免子公司签约，母公司履行。完善公司用印程序，避免关联公司管控、支配印章。

第三，公司资本金需要和公司业务规模匹配。

股东的出资代表着股东经营诚意，出资过多自然会浪费资金的使用率，但出资过少也会影响公司经营行为，甚至被定义为非诚意经营，股东有承担连带责任的风险。

3.2　新公司法中股东承担连带责任规定的解读

新公司法关于股东的不当行为导致股东承担连带责任，做出了更明确的规定，如表 3-1 所示。

表 3-1 中序号 1 和序号 2 的内容前面已经讲过，无须再说。其他几个序号内容，我对部分内容简要解释。

第 3 章 安全第一：股东的风险隔离　95

表 3-1　2024 年新公司法中关于股东承担连带责任的情况总结

序号	责任	2024 年新公司法	关联法
1	公司向的连带责任	第二十三条第一款：公司股东滥用公司法人独立地位和股东有限责任，逃避债务，严重损害公司债权人利益的，应当对公司债务承担连带责任	民法典第八十三条第二款
2	公司横向的连带责任	第二十三条第二款：股东利用其控制的两个以上公司实施前款规定行为的，各公司应当对任一公司的债务承担连带责任	九民纪要[一]第 11 条第（2）款
3	一人公司股东的连带责任	第二十三条第三款：只有一个股东的公司，股东不能证明公司财产独立于股东自己的财产的，应当对公司债务承担连带责任	民法典担保制度解释第十条[二]
4	无公司交易中的连带责任	有限公司：第四十四条第二款：公司未成立的，设立时的股东为二人以上的，享有连带债权，承担连带债务 股份公司：根据第一百零七条，本法第四十四条规定适用于股份有限公司	民法典第七十五条第一款
5	股东出资不足的连带责任	有限公司：第五十条：有限责任公司成立时，股东未按照公司章程规定实际缴纳出资，或者实际出资的非货币财产的实际价额显著低于所认缴的出资额的，设立时的其他股东与该股东在出资不足的范围内承担连带责任 股份公司：第九十九条：发起人不按照其认购的股份缴纳股款，或者作为出资的非货币财产的实际价额显著低于所认购的股份的，其他发起人与该发起人在出资不足的范围内承担连带责任	公司法解释三[三]第十三条

[一] 全称为《全国法院民商事审判工作会议纪要》。
[二] 全称为《最高人民法院关于适用〈中华人民共和国民法典〉有关担保制度的解释》。
[三] 全称为《最高人民法院关于适用〈中华人民共和国公司法〉若干问题的规定（三）》。

(续)

序号	责任	2024年新公司法	关联法
6	股东抽逃出资的连带责任	有限公司： 第五十三条：公司成立后，股东不得抽逃出资。违反前款规定的，股东应当返还抽逃的出资；给公司造成损失的，负有责任的董事、监事、高级管理人员应当与该股东承担连带赔偿责任 股份公司： 根据第一百零七条，本法第五十三条的规定适用于股份有限公司	公司法司法解释三第十四条
7	有限公司瑕疵股权转让中的连带责任	第八十八条第二款：未按照公司章程规定的出资日期缴纳出资或者作为出资的非货币财产的实际价额显著低于所认缴的出资额的股东转让股权的，转让人与受让人在出资不足的范围内承担连带责任；受让人不知道且不应当知道存在上述情形的，由转让人承担责任	
8	控股股东、实际控制人和董事、高级管理人员的连带责任	第一百九十二条：公司的控股股东、实际控制人指示董事、高级管理人员从事损害公司或者股东利益的行为的，与该董事、高级管理人员承担连带责任	
9	公司简易注销中的连带责任	第二百四十条第一款：公司在存续期间未产生债务，或者已清偿全部债务的，经全体股东承诺，可以按照规定通过简易程序注销公司登记 第二百四十条第三款：公司通过简易程序注销公司登记，股东对本条第一款规定的内容承诺不实的，应当对注销登记前的债务承担连带责任	民法典第七十条第三款

3.2.1 企业家最好不要成立一人公司

表 3-1 中的序号 3 "一人公司股东的连带责任"怎么理解？

一人公司，老公司法称为"一人有限责任公司"，新公司法称为"一个股东的公司"。一人有限责任公司可以称为独资公司，而不能称为个人独资企业，因为两者是完全不同的企业类型。独资公司的股东承担有限责任，个人独资企业的设立者则承担无限责任。独资公司需要依据公司法的规定设立执行公司事务的董事，可以设置经理或监事。个人独资企业的组织结构无特殊规定，由企业主自行决定，通常只设一名经理。

成立一人公司具有较大风险。新公司法第二十三条规定："只有一个股东的公司，股东不能证明公司财产独立于股东自己的财产的，应当对公司债务承担连带责任。"该条款意味着，一人公司的股东，需要自证公司财产独立、运营独立，且未出现侵犯公司财产的行为。若无法自证，股东的有限责任将转为无限责任。但企业家如何证明自己没有违规使用公司的钱呢？不好证明。

老公司法只允许有限公司设立一人公司，新公司法实施后，股份公司也可以设立一人公司，另外还取消了自然人股东设立一人公司之后，不得再设立一人公司的限制。但不管是一人有限责任公司还是一人股份有限公司，作为一人公司的风险点相同，因而成立公司最好有两名或两名以上股东。

3.2.2 股东出资不足的连带责任

表 3-1 的序号 5 "股东出资不足的连带责任"怎么理解？

无论是有限公司还是股份公司，股东若未按照公司章程规定足额缴纳出资或股款，或者实际出资的非货币财产价额显著低于所承诺出资额，公司设立时的其他股东与该股东在出资不足的范围内承担连带责任。实践中最常见的该类出资问题，是股东出资以少充多。比如，股东低价购买知识产权，却以高价评估作为出资。特别需要注意的是，承担该责任的主体为公司设立时的股东或者发起股东，而不是股东中的"后来者"。

3.2.3 股东抽逃出资的连带责任

表 3-1 中的序号 6 "股东抽逃出资的连带责任"怎么理解？

不管是有限公司还是股份公司，公司成立后，不得抽逃出资，不然股东除了必须返还出资，给公司造成损失的，负有责任的董事、监事、高级管理人员也应当与该股东承担连带赔偿责任。

3.2.4 瑕疵股权转让中的连带责任

表 3-1 中的序号 7 "有限公司瑕疵股权转让中的连带责任"怎么理解？

第一，该规定指有限公司。

第二，这里涉及两类股份转让问题：一为未出资股份的转让（未到实缴期限的股份被称为认缴；到了实缴期限仍未缴纳，为未出资）；二为股东以显著低于认缴出资额的非货币资产出资后的股权转让（比如前面举例的低价购买知识产权，以高价评估作为出资）。这两类均被视为瑕疵出资。瑕疵出资的股份转让之后，应该由购买方还是出让方出资呢？也就是说，应由谁承担出资责任呢？新公司法规定，转让人与受让人需承担连带责任。受让人不知道且不应当知道存在上述情形的，由转让人承担责任。

3.2.5 新公司法的特点：穿透原则

表 3-1 中序号 8 的连带责任，引用新公司法第一百九十二条：公司的控股股东、实际控制人指示董事、高级管理人员从事损害公司或者股东利益的行为的，与该董事、高级管理人员承担连带责任。

这一条明确体现了新公司法的特点：穿透原则。

公司实控人指使他人损害公司和股东利益，损害产生之后，除了股东和实控人承担责任，听从股东指示从事该行为的董事和高管也应承担连带责任。很多实控人喜欢躲在幕后，暗中操纵木偶股东、木偶董事及木偶高管做出有损公司利益的行为，但只要抓住损害公司利益的木偶董事和木偶高管，找出提线木偶后面的木偶师，自然并非难事。

另外注意，触犯新公司法第一百九十二条的追责对象是董事和高级管理人员，未列监事。而第五十三条的抽逃出资，追责的是董事、监事、高级管理人员。

3.2.6　公司简易注销中的连带责任

公司注销，属于不少企业家逃避债务及税务责任的典型做法，但新公司法第二百四十条第三款的规定："通过简易程序注销公司登记，股东对本条第一款规定的内容承诺不实的，应当对注销登记前的债务承担连带责任。"这一条规定，我认为企业家应该默诵三遍，以加深理解。这意味着以后通过注销公司来逃避债务问题（税务问题也属于债务问题）已无可能。

3.3　股东出资的其他问题

3.3.1　股东出资少是否等于有限责任小

一个很多人都关注的问题：成立公司，出资多少合适？

只要企业运营需求得以满足，且法律法规没专门规定，公司出资多少由企业自行决定。但通过前面的内容，你明白了一个概念，所谓有限责任，指的是股东个人，而非公司法人。那么你是否得出一个结论，股东的有限责任，既然与公司的注册资本（在股份公司也称为股本）挂钩，那是不是公司的注册资本越少，股东越安全，责任也越少？例如，注册资本认缴 1 元人民币，是不是风险最小？因为公司破产了，作为股东，个人的赔偿上限仅仅为 1 元人民币。

恰恰相反，这类有意规避责任风险的行为，反而更有问题。

2019 年发布的九民纪要第 12 条规定了资本显著不足的责任。公司设立后在经营过程中，股东实际投入公司的资本数额与公司经营所隐含的风险相比明显不匹配，股东利用较少资本从事力不能及的经营，也就是说，股东出资仅为 1 元人民币，却要干 1000 万元人民币资金才能运转的业务，属于没有经营诚意，股东将承担连带责任。2024 年新公司法将这一条吸纳，体现在了新公司法的第五十条。

3.3.2　知识产权出资、劳务出资、第三方债权出资的正确处理

股东出资，不一定是货币出资，也允许非货币出资。非货币出资，又可以分为有形资产出资和无形资产出资。有形资产可以分为存货、固定资产等；无形资产可以分为股权、债权和知识产权三大类。

这里有两个问题，不少企业家总是搞不清楚。

问题一：非货币出资的标准是什么？

股东可以不以货币出资，而以其他等值物出资。那么，到底哪些东西可以作为等值物出资？劳务能作为出资吗？商誉能作为出资吗？

问题二：实践中，股东以不符合法律规定的非货币资产出资的行为不少，通常是如何处理的？

先看问题一。

非货币出资有两大标准。

第一，作为出资的资产必须能够评估作价，无法评估作价的有形或无形之物不能作为股东出资。

| 案例 3-5 |

瑕疵出资也算出资

A 公司注册资本为 1 亿元人民币，张三以货币出资 7000 万元人民币，占股 70%。李四以某市开发区商业用地使用权出资 3000 万元人民币，占股 30%。李四作为出资的土地使用权未进行评估作价，而是双方以协议的方式商议以 3000 万元人民币的价值出资，占股 30%。这是否可行？

未经过评估作价程序的资产，一样可以作为股东出资。非货币资产出资必须评估作价，但不必立即评估，可以延后。

但李四的出资，因未完成法律规定的程序，属于瑕疵出资。瑕疵出资具有法律风险。

例如，A 公司次年对该出资土地使用权补全评估手续，结果该土地使用权的评估价值缩水为 1000 万元人民币。等于说，1000 万元人民币的商业用地使用权，却作价 3000 万元人民币出资。该行为属于股东未完全出资，需要补足 2000 万元人民币出资。反之，原本作价 3000 万元人民币的土地使用权，评估后升值为 1 亿元人民币，升值的 7000 万元人民币按照法律规定列入资本公积金，归公司所有。这时李四就吃亏了。

第二，非货币出资必须可以转让并办理变更手续。

| 案例 3-6 |

瑕疵出资小心股东除名

张三和李四成立 B 公司，张三以货币出资 7000 万元人民币，占股 70%。李四依旧以某市开发区商业用地使用权（经评估后作价 3000 万元人民币）出资，占股 30%。但李四提出，该商业用地使用权一年后才能过户到公司名下。当下以股东协议的方式出资，双方同意。这是否合法？

合法，但属于瑕疵出资，双方需要约定出资到位的具体日期。

根据新公司法第五十二条第一款规定："股东未按照公司章程规定的出资日期缴纳出资，公司依照前条第一款规定发出书面催缴书催缴出资的，可以载明缴纳出资的宽限期；宽限期自公司发出催缴书之日起，不得少于六十日。宽限期届满，股东仍未履行出资义务的，公司经董事会决议可以向该股东发出失权通知，通知应当以书面形式发出。自通知发出之日起，该股东丧失其未缴纳出资的股权。"如果出资日期截止之后，李四仍未转让其土地使用权到公司名下，公司可以给李四不低于六十日的宽限期，宽限期截止后，该土地仍未转让到公司名下，法律允许公司除名该股东。

两个标准说完了，我来回答一下前面的问题。

商誉能够作为出资吗？商誉不能转让，无法作为出资。但最近业界倾向于认为商誉也具有出资的价值和特质，但需要后期出台新法予以明确。

劳务能够作为出资吗？劳务价值难以评估且无法转让，无法作为出资。

有关问题二，请看实战指引 3-1 与实战指引 3-2。

实战指引 3-1 ▶

劳务出资的解决之道

第一，股东先承诺认缴股份，继而选择以薪酬或咨询费形式作为实际出资。该方法的不足之处在于，无论是薪酬出资还是咨询费出资，都需要缴纳相关税费，成本增加。

第二，尽管公司不得以劳务出资，但合伙企业允许以劳务出资。

以劳务出资的股东可以选择通过合伙企业入股该公司间接持有其股份。不过，合伙企业法只允许普通合伙人（GP）以劳务出资，而有限合伙人（LP）则不允许。

第三，可以考虑运用同股不同权的原理，即劳务股东仅出资1%，但通过协议约定享有30%的股权份额，达到少出资、多占股的目的。

实战指引3-2 ▶

第三方债权出资的处理之法

有的出资合法合规，但需要技巧性操作。

例如，债权出资。

新公司法第四十八条规定："股东可以用货币出资，也可以用实物、知识产权、土地使用权、股权、债权等可以用货币估价并可以依法转让的非货币财产作价出资；但是，法律、行政法规规定不得作为出资的财产除外。"

新公司法明确规定之前，债权本就可以出资。《市场主体登记管理条例实施细则》（2022年3月1日施行）第十三条第三款规定："依法以境内公司股权或者债权出资的，应当权属清楚、权能完整，依法可以评估、转让，符合公司章程规定。"

但实践中，办理债权出资面临一定障碍。债权出资可以分为两种情况。第一，债转股出资。当 A 公司无力偿还债务但前景良好时，债权人 C 公司与 A 公司签订债转股协议，约定债权转为股权，于是 C 公司成为 A 公司的股东。第二，利用第三方的债权出资。C 公司想成为 A 公司的股东，但不想出资或者无力出资。恰好 B 公司是 A 公司的债权人，而债务人 B 公司无力偿还 C 公司的巨额债务，于是 C 公司以 B 公司的债权评估出资，成为 A 公司的股东。此为以第三方债权出资。

实务中，债转股是主流的债权出资方式。而利用第三方债权出资，行政管理机构却普遍不认可也不予登记，原因在于，谁也无法保证 C 公司和 B 公司之间的债权债务关系真实有效。即便该债权债务关系真实有效，但如果 B 公司不想还钱呢？如果 B 公司想还钱，但没有钱还呢？因此，要么债权真实性难以保证，要么债权出资在操作上难以实现，结果都将影响 A 公司的资本充实度。于是，对于第三方债权出资，行政管理机构干脆一概不给登记。

但该问题也容易解决，分两步走。

第一步，转移债务。A 公司将 B 公司欠 C 公司的巨额债务买断，也就是 B 公司的债务转移到 A 公司，由 A 公司偿还。

第二步，债转股。C 公司对 B 公司的债权转为对 A 公司的股权。

操作完毕。

第 4 章
CHAPTER 4

合伙赢天下：股东的分红设计

很多企业家抱有企业上市的期望，但成功上市的毕竟只有少数企业。非上市企业，股东收益不是资本上的溢价，而是企业的利润分配，俗称"股东分红"。

但现实中，很多股东分不到红，或者频繁产生分红争议。那股东怎么约定分红？怎么保证股东顺利拿到自己的那一部分股东收益？股东之间分红的"游戏"规则，应当如何设立？

4.1 什么是"无盈不分"

分红的原则是"无盈不分"。

什么是"无盈不分"？它首先是个程序问题，也就是股东的利润分配是有一定程序和规则的，不符合这一套程序和规则，即使股东已经把公司的"利润"装进了自己"兜里"，利润照样不是股东的，需要返还公司。

| 案例 4-1 |

大股东拟夺回已经分配完毕的股东分红

A 有限公司中，大股东张三占股 90%，小股东李四占股 10%。有一天，李四要求"退股"。经审计，A 有限公司上一年度净资产为 1 亿元人民币。但双方对于李四所持有的 10% 股份的价值产生了争议。张三认为李四的股份价值为 1000 万元人民币，李四却认为该股份的价值远远超过 1000 万元人民币。双方争议不休，相持不下。于是，张三找到本书作者调解纠纷。本书作者经过一番调查，直言 A 有限公司的分红程序有问题。因为 A 有限公司历次分红从未召开股东会会议，即使经过股东会决议，也无《A 公司利润分配表》等分红的相关程序文件。股东之间也无具体的利润分配制度，都由公司财务直接打款给股东。因此不符合公司法的相关规定（具体规定见新公司法第二百一十一条），股东需要将分红返还公司重新分配。

最终，股东双方在本书作者协调下走完相关程序并将文件补充完整，小股东李四则以合理价格退出。

那么公司的利润分配，到底应该走什么样的程序，法律是如何规定的？

公司利润分配制度的合法程序可以总结为四步：

第一步，先弥补公司的亏损。

第二步，按照法律规定缴税。

第三步，提取法定公积金。

亏损弥补完毕，公司需要按照规定提取百分之十的利润，计入法定公积金。所谓法定公积金，本质就是企业的预留资金池，它可以被用来填补公司亏损，扩大公司生产经营规模，也可以转增公司注册资本。法定公积金是强制公积金，公司必须提取。所以公司挣到的净利润，不能全额分配给股东。

提取法定公积金之后，经股东会决议，还可以从税后利润中提取任意公积金。任意公积金不属于法律强制规定，可提取也可以不提取。可以今年提取，也可以明年再提取。

第四步，召开股东会会议。若不召开股东会会议，公司需要保存全体股东签字的关于利润分配的相关文件。

实务中，企业利润分配经常出现一些问题。

4.1.1 常见问题：公司亏损，能否分红

公司未弥补往年亏损，是否可以分配利润？

利润如何分配，是许多公司主要的股东矛盾。

| 案例 4-2 |

公司存在未弥补亏损，小股东却坚决要求分配利润

A公司于2017年实现了盈利，但2018年至2020年，连续三年亏损。2021年，公司扭亏为盈，盈利5000万元人民币。但公司尚有6000万元人民币的累计亏损未弥补，公司按照法律规定，计划首先将5000万元人民币的盈利用于弥补亏损。但在股东会会议上，小股东张三提出异议："我反对！公司已经连续三年没盈利了，今年好不容易挣钱了，却还得先弥补过去的亏损，我觉得不合适。我提个建议，今年公司5000万元人民币的利润，拿出其中1000万元人民币给股东分红，让大家过个好年，剩余4000万元人民币用来弥补亏损。"

请问，你作为公司的大股东，为了维护公司和谐，应该如何处理？

新公司法第二百一十条规定："公司分配当年税后利润时，应当提取利润的百分之十列入公司法定公积金……公司的法定公积金不足以弥补以前年度亏损的，在依照前款规定提取法定公积金之前，应当先用当年利润弥补亏损。"

这里写得很清楚，利润分配之前，应当先弥补亏损。

但在实务中，有的公司未弥补往年亏损，却缴纳了个人所得税，予以分红。

实战指引 4-1 ▶

公司未弥补亏损先行分红的情况

B 公司近三年来累计亏损人民币 6000 万元，并背负 6000 万元银行贷款。公司今年的盈利不足以弥补公司往期亏损。但股东会斟酌再三，考虑公司连续三年未分红，为了提振股东的投资信心，做出决议：部分亏损不做弥补，提取公司今年利润中的 5000 万元人民币分红。因公司存在未弥补亏损，先不缴纳企业所得税，只由公司代扣代缴 20% 的个人所得税，共缴纳个人所得税人民币 1000 万元，实际分配人民币 4000 万元。但分红刚刚发放，银行忽然通知抽贷，公司无力偿还。原先已分配的 4000 万元人民币需要股东退回，1000 万元人民币因已缴纳了个人所得税，由股东个人出资偿还银行。根据新公司法第二百一十一条规定：公司违反本法规定向股东分配利润的，股东应当将违反规定分配的利润退还公司；给公司造成损失的，股东及负有责任的董事、监事、高级管理人员应当承担赔偿责任。

所以"公司违反新公司法规定向股东分配利润 4000 万元人民币，股东应当将违反规定分配的利润退还公司"，同时"对于给公司造成了1000万元人民币的损失，股东及负有责任的董事、监事、高级管理人员应当承担赔偿责任"。

也就是说，这1000万元不光股东需要偿还，负有责任的董事、监事、高级管理人员也要承担连带的赔偿责任。

4.1.2 常见问题：公司分红无股东会决议及其他记录

公司分红应当召开股东会会议。未召开股东会会议，公司需要保存股东全体签字同意的相关文件。

为什么？

有限公司各类制式文件中的条款并不包含分红条款。什么是分红条款？即股东之间关于公司的利润，应当在什么时间，按照什么比例，如何分配的约定。没有类似约定，股东可以开会商量怎么分配，也可以不开会，但应该签署一份全体股东同意分配的记录文件，并备存于财务室。

实战指引4-2 ▶

公司往年利润分配无股东会决议或其他记录，如何补全

今年是2024年，A公司2018年的公司利润分配无任何决议文件，怎么处理？分两种情况，第一种，如果已经合法纳税，直接在

2024年召开一个临时股东会会议，并做好记录：2018年度公司利润分配，也就是股东分红，合法合规，但并未履行相关股东会程序，现全体股东予以追认。落款时间要写2024年的开会时间，切勿自作聪明写成2018年。那就不是补决议，而是伪造决议了。第二种，公司未完税，股东需要先以返还借款的形式将分红返还公司，并计算利息，继而召开会议，分配利润。

4.1.3 新公司法关于分配利润的新增规定

4.1.3.1 允许以资本公积金弥补亏损

一家公司的亏损如何弥补？

根据新公司法第二百一十条、第二百一十四条、第二百二十五条的规定，关于公积金和利润分配的内容，我总结为两点。

第一，公司的公积金可以用来弥补亏损。公积金分为法定公积金、任意公积金和资本公积金。前两类统称为盈余公积金，因为这两项公积金是从公司盈余中提取备用的，也就是趁着公司"收成"好的时候拿一部分"粮食"作为"储备粮"放起来。所以，它可以用来扩大公司生产规模，增加公司注册资本，弥补公司的损失。前面讲过，法定公积金必须提取，而任意公积金是否提取，依据股东意愿。

第二，新公司法明确了资金弥补亏损的程序。按新公司法的规定，公司财务亏损弥补的来源与顺序如下：首先，使用任意公积金和法定公积金弥补；其次，使用当年利润弥补；再次，使用资本公积金弥补；最后，依旧亏损的，允许减少注册资本弥补。

1. 什么是资本公积金

前文已叙，公积金包括法定公积金、任意公积金和资本公积金。前两者是由抽取的税后利润累积而成的。而资本公积金的来源与利润无关，资本公积金源于资本溢价、股东赠与、拨款转入、外币资产折算差额等情况。例如，A公司股东的每股净资产原本值人民币1元。但投资人非常看好该公司，给A公司的估值达到每股20元并投资入股。投资人增资扩股后，成为A公司股东。但投资人的20元投资款中，只有1元进入注册资本，剩余19元去了哪里？计入资本公积金。这就引发了一个问题：众多高估值公司的资本公积金账户存了大量资金，这些钱能干什么？只能在账户上趴着或者转增公司资本（也就是将资本公积金转增为公司注册资本）吗？

2. 资本公积金是否允许弥补亏损的争议

资本公积金的用途，除了在账户上趴着、转增资本之外，是否允许用于弥补公司亏损呢？包括公司法在内的相关规定曾经有所反复。

1993年公司法第一百七十九条规定：公司的公积金用于弥补公

司的亏损，扩大公司生产经营或者转为增加公司资本。该条文虽然没有明确指出资本公积金可以补亏，但公司的公积金既然包括资本公积金，因此文意不言而喻。但2001年初，出了一个著名案例，即"A上市公司重组事件"，导致该法条更改，2005年公司法也明令不准以资本公积金弥补亏损。

| 案例4-3 |

A上市公司资产重组的财务技巧

（案例资料源于公众号"金融交易街"）

A上市公司于1996年4月登陆上海证券交易所。仅仅一年后，其主营规模和资产收益率已经位列深沪交易所商业公司第一，进入国内上市企业100强。1997年，A公司采用了"工、贸、银"资金运营模式，与四川长虹、建行郑州分行建立三角信用关系。四川长虹给A上市公司供货，但A上市公司不与四川长虹进行货币结算，而是由建行郑州分行出具承兑汇票。等于说，银行为A上市公司做担保，大大拉长了A上市公司的付款周期，提高了A上市公司的资金周转速度，换取商品大量销售流通，使得A上市公司得以快速占领中国家电批发市场。但业绩冲击，永无止境。为了冲刺销售业绩，A上市公司内部大搞高额激励政策，规定凡完成销售额1亿元人民币，均可享受集团公司副总待遇。各分公司为了努力完成指标，商品高进低出，恶性循环。好景不长，1998年，亚洲金融危机爆发，国家紧缩银根，建行大幅度减少A上市公司承兑业务，A上市公司迅速失血。同时，四川长虹调整营销策略，自建营销网络，不再单纯依靠大批发商。因此，作为独一家消化了四川长虹1/3彩电产量的大渠道，A上市公司的业务严重缩水。种种情况之下，A上市公司债台高筑。到了1998年，A上市公司创造了每股净亏损2.5元人民币的中国大陆股市最差业绩。2000年3月，A上市公司最大债权人中国信达资产管理公司，向郑州市中级人民法院申请A上市公司破产偿债，被法院驳回。2000年5月，山东省最大的家电专营连锁企业三联集团，介入A上市公司资产重组。2001年初，A上市公司破产重组，当时该公司累计亏损已高达18亿元人民币，净资产不足5亿元人民币。此时，三联集团代替中国信达资产管理公司，成为A上市公司最大的债权人，同意豁免A上市公司14.47亿元人民币的债务，A上市公司顿时得以形成巨额资本公积金。之后，A上市公司以资本公积金弥补亏损，公司净资产竟然由负转正。

但真正令该操作成为众矢之的，导致监管层态度转变的原因在于：该操作给其他上市公司做了一个财务报表摇身一变的完美示范，即以类似方式粉饰财务报告。为阻止该趋势，2005年公司法第一百六十九条明确规定：资本公积金不得用于弥补公司的亏损。2012年，沪深两市33家重组后仍存在巨额亏损的上市公司，上报证监会，希望重施A上市公司故技来补亏。证监会的回应是，2012年发布《上市公司监管指引第1号——上市公司实施重大资产重组后存在未弥补亏损情形的监管要求》(证监会公告 [2012]6 号),进一步明确不得以资本公积金补亏。

虽然法律规定不能以资本公积金弥补亏损,但现实中有没有曲径通幽,达到目的的呢?

3. 突破限制

我们看另一个案例。

| 案例 4-4 |

合法合规,突破限制

B 公司连年亏损,亏损额度高达 7.7 亿元人民币,面临退市。之后,为助 B 公司渡过难关,B 公司的大股东为 B 公司注入了优质资产。于是,由于股本溢价、扭亏为盈等,B 公司账上积累了 7.5 亿元人民币的资本公积金。一头是 7.7 亿元人民币的亏损,另一头是以自身经营情况,将多年内无法弥补亏损。无法弥补亏损,则无法向投资者分配利润。多年不向投资者分配利润,必然动摇股东信心。难道公司账上 7.5 亿元人民币的资本公积金就只能当存款看吗?毕竟法律规定,不允许以资本公积金补亏。

但前面讲过,资本公积金的法定用途之一,便是转增注册资本。

于是,B 公司分两步走,成功将路走通。

第一步，将公司的资本公积金转增注册资本。

第二步，全体股东同比例减资，弥补亏损。

法律规定不能以资本公积金直接弥补亏损，但法律并未规定不能以注册资本弥补亏损。同时法律又规定，资本公积金可以转增注册资本。于是B公司成功以迂回的方式达成资本公积金弥补亏损的目的，程序合法合规。

那么新公司法是如何规定的？

第二百一十四条：公司的公积金用于弥补公司的亏损、扩大公司生产经营或者转为增加公司注册资本。公积金弥补公司亏损，应当先使用任意公积金和法定公积金；仍不能弥补的，可以按照规定使用资本公积金。法定公积金转为增加注册资本时，所留存的该项公积金不得少于转增前公司注册资本的百分之二十五。

第二百二十五条：公司依照本法第二百一十四条第二款的规定弥补亏损后，仍有亏损的，可以减少注册资本弥补亏损……

新公司法解除资本公积金弥补亏损的禁令，具有现实意义。第一，有利于上市公司再融资，毕竟现金分红是上市公司再融资的重要前提。第二，有利于非上市高新技术企业进行股权激励、吸引人才，毕竟高新技术企业员工通常难以在短时间内通过股权转让获得股份溢价。

4.1.3.2 违法分配利润承担责任的主体范围扩大

老公司法规定，股东利润违法分配，股东必须将违反规定分配的利润退还公司。（见老公司法第一百六十六条）

新公司法扩大主体范围，进一步规定，违法分配利润的，不仅应当将违法分配的利润退还公司，给公司造成损失的，除了股东承担赔偿责任，负有责任的董事、监事、高级管理人员，同样应当承担连带赔偿责任。（见新公司法第二百一十一条）

4.1.3.3 公司利润分配的完成时间缩短

实践中，很多公司的小股东都会碰到一个问题：明明股东会已经通过了利润分配方案，但为什么分红迟迟不到账？甚至公司一拖再拖，最后被公司实控人、大股东挪用了。为了明确规则、减少纠纷，2019年颁布的公司法司法解释五⊖明确规定，公司股东会在利润分配决议后，应当在决议载明的时间内，或自决议作出之日起一年内完成利润分配。新公司法将利润分配决议后，完成利润分配的时间，从一年缩短为六个月。这意味着，股东会决议之后六个月内，公司必须将属于股东的分红直接支付给股东本人。

⊖ 全称为《最高人民法院关于适用〈中华人民共和国公司法〉若干问题的规定（五）》。

4.2 利润分配和股东自治

4.2.1 案例说明利润分配的其他规则

| 案例 4-5 |

分红陷阱与分红程序

【案例 4-5-1】

先看案例。

A 有限公司（以下简称 A 公司）于 2016 年成立，注册资本为 1000 万元人民币。其中，股东张三认缴出资 800 万元人民币，李四认缴出资 200 万元人民币。同时，生产经营需要现金流，张三实缴出资 100 万元人民币，李四实缴出资 200 万元人民币。也就是两名股东，实缴和认缴金额不一致，见表 4-1。

表 4-1

	张三	李四	注册资本额度
认缴（元）	800 万	200 万	1000 万
实缴（元）	100 万	200 万	300 万

问题：A 公司分配利润按照实缴比例还是认缴比例？

答案：若 A 公司股东未在章程及协议中特别约定，有限责任公司股东按照实缴比例分配利润，股份有限公司股东按照股本比例分配利润。

【案例 4-5-2】

2016 年，A 公司新加入股东王五。王五拥有国际领先的专利技术。王五加入 A 公司，认缴出资 100 万元人民币，实缴出资 10 万元人民币。但王五以技术领先为由，要求其利润分配比例独占 50%，张三和李四分配剩余的 50%。张三、李四爽快同意（见表 4-2）。

表 4-2

	张三	李四	王五	注册资本额度
认缴（元）	800 万	200 万	100 万	1100 万
实缴（元）	100 万	200 万	10 万	310 万
分红比例	30%	20%	50%	

问题：股东之间对于公司利润分配能否自由约定？

答案：无论是有限责任公司还是股份有限公司，都允许按照股东约定分配公司利润。

新公司法第二百一十条规定：有限责任公司按照股东实缴的出资比例分配利润……股份有限公司按照股东所持有的股份比例分配利润，公司章程另有规定的除外。

【案例 4-5-3】

A 公司自从王五加入之后，形势大好。2017 年，A 公司弥补亏损、扣除法定公积金、盈余公积金之后，剩余未分配利润达到 1 亿元人民币。

2018年6月，公司召开股东会会议，决议分配利润。但决议之前，张三和李四忽然火速以10/11表决权的绝对优势（有限责任公司的股东依据认缴比例行使表决权。股份有限公司的股东依据股本比例行使表决权。股东另有约定除外。但该案例中，A公司股东无特殊约定，因此注册资本为1100万元，张三和李四认缴出资1000万元，两名股东合起来，表决权占据股东会总表决权的10/11）宣布：修改A公司章程，将王五50%的分红权改为0.1%，请问是否可以？（见表4-3。）

表 4-3

	张三	李四	王五	注册资本额度
认缴（元）	800万	200万	100万	1100万
实缴（元）	100万	200万	10万	310万
分红比例	79.92%	19.98%	0.1%	

答案：不可以。

新、老公司法都规定，利润分配可以按约定。但有限责任公司必须**全体股东通过**，少一个人也不行。所以该案例中，A公司作为有限责任公司，张三和李四两名股东妄想以过90%的比例表决权修改章程，变更王五的利润分配比例，不合法且无效。

实务中，股东之间约定利润分配的方式，一般是全体股东签署书面协议，而非写入章程。

【案例4-5-4】

最后一个问题，既然张三和李四关于利润分配的违法决议无效，那么在实践中，王五是否必然能够分得利润呢？

未必。

实务中，年年盈利却从不分利的"铁公鸡"公司十分常见。

关于公司利润分配如何保护小股东利益，新、老公司法都只规定一点，公司连续五年不向股东分配利润，而公司该五年连续盈利，股东可以要求公司回购其股份。除此之外，公司是否分配利润，如何分配，不分配又怎么办，全属于公司自决事项。

那么，公司盈利，股东要求公司分配利润，公司不予理会，坚决不分，最终股东提起诉讼，法院是否受理呢？法院首先会提出三个要求，股东需要全部满足。

第一，证明申请分配利润之人为该公司股东。这一点容易，无论是工商注册，还是股东证、公司章程、出资证明及股权转让合同等皆可证明。

第二，股东需证明公司盈利。这一点就困难多了！

财务报表不是证据吗？但如果财务报表中存在造假行为呢？股东首先需要行使查账权，以核实公司的真实经营情况，这是提起分配利润的前提。但现实中，股东行使查账权并非易事。记得有一次，我在浙江大学授课，随口提出一个问题："股东是否有权查阅公司的会计账簿，还是仅限于查阅公司的财务报表？"一位企业家当即回答："股东当然无权查阅会计账簿。"我追问:"那谁有资格查阅?"老板答曰:"常务股东可以!"这回答引得在座学员哈哈大笑,因为头一次听说"常务股东"这个词。而所谓的"常务股东",其实只是这位企业家自家的叔伯兄弟。法律规定是法律规定,现实是现实,实际控制人、大股东往往不愿意向其他股东披露公司真实经营情况。怎么办?有人提出可以聘请专业人员审计公司财务情况。

但法律规定,股东单方审计权属于章程特别约定事项,章程没有约定,股东无权派遣专业机构审计公司财务情况。

关于股东如何行使查账权,我将在本书的第 5 章具体叙述。

第三,股东需要回答,股东之间,是否约定了行之有效的利润分配方案?

什么是利润分配方案?简而言之,即公司在什么时间、以什么比例、如何分配利润。比如,"公司在完成年度汇算清缴后三个月内,将公司未分配利润的 30%,按照股东出资比例(或特殊约定)分配给公司股东"。若股东间无具体约定,官司打到法院,法官又能如何做主,给股东分配利润呢?

那么股东之间,应该如何就公司的利润分配方案进行约定呢?

首先,公司的盈利情况务必真实披露。若股东无法行使查账权或缺乏其他有效监督公司真实经营情况的手段,则盈余分配的前提条件无法达成。其次，股东身份须明确。股东未必一定在工商注册才是确定的股东，但至少应该持有合法的股东证明。现实中，部分企业家法律意识淡薄，出资行为不规范。例如，有股东在公司成立之时，未将实缴出资款打入公司账户，而是遵从大股东的要求打入大股东或第三方账户，如会计个人账户。更有甚者，想左右逢源，进退自如，将资金打入公司账户时备注为"往来款"甚至"借款"。那么，既然是股东借给公司的"款"，当然不视作股东出资。股东身份不明确，凭什么拿分红？

再次，明确分配方案至关重要。众多公司在成立之初未约定如何分配未来盈利。不过，有的公司会定期召开股东会会议商议和讨论年度利润分配方案。对于那些管理机制透明、大股东值得信赖的公司而言，这种做法既恰当又灵活。然而，有时大股东会提出：鉴于明年公司需要扩大产能，今年咱们就不分配利润了。面对这个决定，小股东即便一万个不乐意，也无可奈何。谁让小股东没有表决权呢？

因此我建议，公司股东可以约定盈利分配比例的上限和下限。当然，有最低分红的约定，并不等于小股东不能放弃今年公司利润的分配权利，不过是将分红与否的主动权，掌握在自己手里而已。如果大股东确实言之有理，小股东也应予以支持，共同促进公司的长远发展。

最后，建议提前设立退出条款，以退出条款保障分红。例如约定，若小股东两次请求公司分配利润均遭公司否决，小股东有权利要求大股东以原始出资价格的 1.5 倍回购其股份或申请公司解散。

4.2.2 利润分配与创新管理

商业行为的变化多种多样，其中，利润分配是核心环节之一，完全可以根据企业自身情况，灵活调整。我举一些例子给你作为参考。

1. 股东可以协商设定兜底分红（即固定分红）或者优先分红权机制。

股东优先分红在老公司法仅限于有限公司，而新公司法则扩展至非上市股份公司。

2. 除了允许股东享有固定分红和优先分红权机制，还可以将固定分红与超额利润分配结合，把分红与业绩挂钩。

3. 部分股东享有优先分红权的同时，其他股东设定红利上限，超出部分结转至下年分配。

4. 持股比例和分红差异化，如某股东占股 30%，利润分配比例为 40%。

| 案例 4-6 |

技术股优先分红

张三成立了一家高新科技公司，拟聘请技术专家李四为技术负责人。两人就合伙方式进行谈判。张三要求李四不能光以技术入股，还需要货币出资，目的是加强公司对他的约束力。双方最终商议，李四将出资 100 万元人民币，占股 10%。但李四担忧投资风险。张三进一步建议：李四出资 100 万元人民币，占股 10%，但章程约定，李四的股份为"优先股"，每年优先分取红利，且分红权增至 30%，但李四需要放弃表决权。另外，如果未来三年，公司无法盈利，李四未分得利润，则张三回购李四的股份，回购价格按照出资额上浮 30%。

第 5 章
CHAPTER 5

知根知底，不欺不瞒：股东的查账约定

5.1 查账？查什么账

第 4 章提到，保障股东的查账权是股东利润分配的前提。公司盈利多少都不知道，股东谈什么利润分配呢？

但股东查账权如何行使？会遇到哪些现实问题？很多股东并不清楚。

问题 1：股东查账查什么？

张三请供货商下馆子，开了张发票，这张发票被称为会计凭证。之后，会计根据会计凭证制作会计账簿，再根据会计账簿编制财务报表。请问会计凭证、会计账簿和财务报表，股东是不是全都能查？按照老公司法的规定，有限公司股东可以查阅会计账簿，股份公司股东只能查阅会计报表。但新公司法规定，无论是有限公司还是股份公司，统统允许股东申请查阅公司的原始财务凭证，也就是会计凭证。

问题2：小股东要求查账，公司能不能拒绝？

在某些情况下可以。

公司法司法解释四[一]第八条规定得很清楚，我概述如下：

1. 有限责任公司（注意适用主体，法律只提到了有限责任公司，可没说股份有限公司。当然，新公司法有修改，后述）证明股东查账存在不正当目的时可以拒绝。

2. 什么是不正当目的？分三种情况：第一，股东自营、为他人经营的业务和公司存在实质性竞争关系的，公司可以拒绝其查账；第二，股东接受他人委托窃取公司的商业秘密，损害公司合法利益的；第三，股东向公司提出查阅请求之日前三年，有接受他人委托，偷盗商业机密前科，损害公司合法利益的。这三点都要由公司举证。最后，法律留了个尾巴：股东有不正当目的的其他情形。

问题3：股东怎么申请查账呢？

股东总不能一脚踹开财务室的大门，同会计讲："我是股东，现在查账，你将会计资料拿给我！"

[一] 全称为《最高人民法院关于适用〈中华人民共和国公司法〉若干问题的规定（四）》

公司的财务报表，按照老公司法的规定，有限公司需要按时寄送股东。股份公司则存放在公司，股东需要前往公司查阅。但有限公司的财务报表多久寄送给股东一次，一个季度还是一年？如何发送？邮寄还是发邮箱？股东自行约定，公司法无规定。若到了约定时间，公司未曾发送财务报表，股东也不需要特殊申请，大不了自己去公司查、问。当然，公司连财务报表从始至终都不给股东看，那属于另一个性质的问题了。股东要查阅公司的会计账簿等资料则需要向公司书面申请，申请书上写好申请理由。

实际上，这里似乎有个逻辑漏洞。

根据相关法律法规，只要股东未涉及前文所述的三种特定情形，那法律天然赋予其查账的权利。何况以上三种情形存在与否，也需要公司举证。照这个逻辑，股东申请查账，理论上无须提交申请书和提出申请理由。但现实中，股东未能提出合理的查账理由且未提交书面申请，不得查账。原因在于，法律规定，公司股东请求查阅公司会计账簿，必须遵循一定的前置程序，即满足书面形式，目的正当。而且，股东万不得已和公司打股东知情权的官司，按照公司治理的原则，股东提起诉讼之前，也必须穷尽内部救济手段。所谓穷尽内部救济手段，即股东须先尝试并走完所有内部解决途径，方可考虑诉诸法律。那没有上交公司申请书和申请理由等"要件"，怎么证明公司不允许股东查账？所以申请书和申请理由，还是打官司的前置程序。

实战指引 5-1 ▶

股东查账申请理由举例

何为股东查阅会计账簿的"正当目的"。第一，合法。第二，事由必须与公司经营、股东利益具备关联性。包括哪些理由呢？我举例如下：

- 了解公司的具体经营情况、财务状况。
- 因要求公司分配利润而查账。
- 调查董事、监事、高管的履职情况。
- 为提起股东代表诉讼收集证据。
- 调查董事、高管可能存在的违法行为。
- 会计报告出现严重错误或重大矛盾。
- 公司另设会计账簿，或以其他名义登记公司资产或储蓄现金。
- 公司应收账款、呆账、死账等明显超出同行业平均水平。
- 公司主要管理人员或财务人员离职。
- 公司核销、报废大量资产。

……

申请书写好了，应该发给谁？既可以发给公司或法定代表人，也可以发给实际管理公司的董事、总经理等。

但请注意，发出书面请求时，务必收集并保管好送达过程的证据，包括书面申请、邮寄凭证、送达签收的回执，以及合法的录音、录像、公证也可以。

实战指引 5-2 ▶

股东查账申请书模板

（资料来源于"常州中院"公众号。）

××公司：

本人/本公司××为贵公司股东，鉴于可能存在影响本人/本公司权益的情形，需了解公司××期间的实际经营情况、公司财务状况，以便更好地行使股东权利，参与公司决策，维护公司利益，现依据公司法第五十七条规定，依法向公司提出行使股东知情权。

请公司于××年××月××日前提供自××年××月××日起至××年××月××日期间的下列文件，供本人/本公司查阅、复制：

1. 公司章程；

2. 股东会会议记录；

3. 董事会会议决议；

4. 监事会会议决议；

5. 财务会计报告。

（上述文件可根据实际情况进行删减，也可进一步细化）

请公司于××年××月××日前提供自××年××月××日起至××年××月××日期间的下列文件，供本人/本公司查阅：

1. 会计账簿（包括总账、明细账、日记账和其他辅助性账簿）；

2. 会计凭证（含记账凭证、相关原始凭证及应作为原始凭证附件入账备查的有关资料）。

（上述文件可根据实际情况进行删减，也可进一步细化）

望公司安排好时间、地点后给予通知。本人/本公司将对所查阅、复制文件本着谨慎的态度进行保管、摘录，对涉及公司商业秘密的事项将严格保密。

如公司拒绝提供查阅、复制的，烦请在收到书面请求之日起十五日内给予书面答复并说明理由。如逾期不予答复或无正当理由的，本人/公司将通过法律途径行使权利。

申请人：（股东名称）

日期：

附联系方式如下：

联系人/电话/邮寄地址

5.2 新公司法再升级股东查账权

古话讲，道高一尺，魔高一丈。

法律讲，魔高一丈，道高一丈二。

魔道之争可以喻法。

随着企业财务造假手段的不断更新，老公司法关于查账权的规定，显然有局限性了。因此，新公司法查漏补缺，进一步完善与升级。

5.2.1 明确允许股东查阅会计凭证

新公司法在哪里升级？

第一，老公司法规定，有限公司的股东允许查阅会计账簿，股份公司的股东只能看财务报表。那么对于两类公司的会计凭证，股东能不能查呢？新公司法规定，无论是有限公司还是非上市股份公司，统统允许股东查阅会计凭证。但非上市股份公司还有两个资格限制：首先，申请查账的股东，需要连续持有该股份公司股份一百八十日以上。其次，查账股东的占股比例，需要单独或者合计达到百分之三以上。（见新公司法第五十七条、第一百一十条）

第二，老公司法生效期间，股东查阅会计凭证需要法院判决。新公司法实施后，股东查阅会计凭证不需要法院判决，直接向公司申请即可。法条中同时确定了有关人员负有保密义务。

5.2.2 股东查账权范围扩展到全资子公司

股东可以查本公司的账，那么子公司的账，股东能不能查？

新公司法将股东知情权的范围扩展到全资子公司。

注意，股东可以查的是全资子公司的账，而非合资子公司。

| 案例 5-1 |

章程约定合资子公司的股东查账权

A 有限责任公司（以下简称 A 公司），其注册资本为 1000 万元人民币。其中，股东张三出资 670 万元人民币，股东李四出资 330 万元人民币。至 2023 年度，公司累计未分配利润达 1 亿元人民币。张三作为大股东和实控人，不满于李四对 A 公司的贡献，遂通过 A 公司全资子公司 B 公司，将当年的未分配利润对外转移。依据新公司法的规定，这个时候，李四有权查阅全资子公司 B 公司的财务资料。但若 B 公司有其他股东参股，哪怕参股方只占 1% 的股份，李四也不得查阅 B 公司的财务资料。

还有一点需要注意，根据新公司法第五十七条第五款，母公司的"股东要求查阅、复制公司全资子公司相关材料的，适用前四款的规定"中提到的"相关材料"是否指的是会计账簿和会计凭证，还需要法律进一步落实。

5.3 新公司法如何与公司章程衔接

新公司法虽然扩展了股东查账权的范围，但不代表股东的查账权就保证到位了。现实千变万化，法律难免挂一漏万。股东想要更加严格地保护自身权利，需要在公司章程中进一步详细约定。

第一，新公司法规定，关于"公司章程、股东名册（该内容为新增）、股东会会议记录、董事会会议决议、监事会会议决议和财务会计报告"等文件，股东不仅有权查阅，还可以复制。但会计账簿和会计凭证呢？新公司法仅规定股东可以查阅，并未提到复制。因此，待股东委托会计师事务所、律师事务所等中介机构入场查账，中介机构发现问题需要拍照取证时，公司会计却鬼影一般冒出，一把抢走手机，厉声道："公司机密，不得拍照！"甚至威胁再发现以上情况，终止查阅，因为怕你侵犯公司机密。

因此，是否允许查账方及聘请的中介机构对会计账簿和会计凭证记录、摘抄或拍照，股东应在公司章程中加以约定。

第二，单方审计权的约定。

新公司法允许股东申请查阅会计凭证，但会计凭证也可能造假。

因此，股东想要明确了解公司财务状况，还应邀请会计师事务所审计公司。

查账和审计是两个概念。

那么，一家公司的股东能不能聘请第三方机构审计公司财务情况？该类事项属于公司章程的特别约定事项。章程无约定，则股东无资格。

因此，股东想要切实了解公司财务情况，还应在章程中约定股东的单方审计权。

| 案例 5-2 |

投资机构如何约定股东单方审计权

通常情况下，由于一些民营企业股东缺乏公司治理的基本知识，他们很少会在协议中明确约定单方审计权。相比之下，单方审计权更常见于两类企业：国有企业和投资机构。而投资机构，约定单方审计权，往往伴随签署对赌协议。

比如，朝阳基金在2021年6月向A公司投资了等值1亿元人民币的美元，换取了A公司10%的股份。同时，双方签署一份对赌协议。协议约定：A公司需在2022年及2023年这两个会计年度内，实现净利润以30%的复利增长。若A公司未能达成此净利润增长目标，大股东需以朝阳基金原始投资额的1.5倍价格，回购该基金持有的 A 公司 10% 股份。因此，朝阳基金单方审计权的约定具有极强的目的性。约定条款将包含以下内容。

第一，双方约定，审计工作将由朝阳基金指定的、具有证券从业资质的第三方审计机构执行，且审计过程需严格遵循中国会计准则和证监会的相关规定。鉴于许多投资机构的运营模式，常常是在一级市场投资，二级市场退出，因此对于目标公司净利润的审核，必须确保符合上市企业的财务标准。第二，双方对赌协议的核心聚焦于公司的净利润增长。那么到底什么是净利润？若 A 公司于 2000 年在北京购置了一栋楼，现在为了履行对赌协议而将其出售，所获得的收益是否计入净利润？再比如，公司通过投资理财获得大笔收益，是否也属于净利润范畴？按照会计准则，房产出售和投资理财的收益同样纳入公司的利润范畴。但各大交易所，对于企业上市财务条件中的利润标准皆为扣除非经常性损益后的净利润（即扣非净利润）。因此，在朝阳基金的对赌协议约定中，同样会排除非经营性业务的收益。那么，房产出售和投资理财的收益，显然不属于朝阳基金对赌协议中约定的利润了。

第三，违约责任的约定。

违约责任尤其重要。上述约定需要违约条款作为保障。比如，股东之间已就查账程序、单方审计权等事项全部做出了详尽的约定，但当二股东安排人员准备审计公司财务的时候，公司大股东却掏出手机给保安队长打了个电话："二股东派人过来审计，你派几个人守在财务室门口。记住，不准打人，不准骂人，但就是不准他们的会计师和律师踏入财务室半步！"

为了防止以上情况，可以约定：公司股东或者实控人妨碍其他股东行使知情权的，受侵害的一方有权要求违约方以原始出资的若干倍价格回购其股份，并要求违约方按照××元/年的标准向受侵害方赔偿损失。

除了设立违约条款外，股东还应该加强对公司的董、监、高、财务人员的风险控制和法律常识的岗位培训，确保相关人员充分理解并遵守相关规定。例如，根据公司法司法解释四，公司未依法制作和保存公司法第三十三条、第九十七条规定的公司文件材料……股东依法请求负有相应责任的公司董事、高级管理人员承担民事赔偿责任的，人民法院应当予以支持。再例如，新公司法关于大股东或者实控人操纵董、监、高侵害公司及股东利益，要求董、监、高也承担连带责任，这对于相关职能人员的履职提出了新的要求。（见新公司法第一百九十二条：公司的控股股东、实际控制人指示董事、高级管理人员从事损害公司或者股东利益的行为的，与该董事、高级管理人员承担连带责任。）

实践中，太多公司的董事、高管乃至财务人员，对于自己所承担的赔偿责任毫无了解，无知者无畏。

第四，其他特殊约定。

例如，出资瑕疵的股东是否有查账权？如，以场地、设备出资，但该场地、设备并未过户到公司名下，该出资股东是否允许查账？各地判决标准不一，需要章程明确规定。

例如，前任股东能不能查账？股东张三 2020 年退出公司股东行列，但他对公司 2019 年的利润分配有异议，要求查账，是否可以？章程可以约定。

例如，新公司法规定，股份公司的股东查账，需要股东连续 180 天持有该公司的股份，而且股份比例最低为 3%。那么股份公司占股 1% 的股东，持股 90 天能不能查账？章程可以约定。

实践中，不少企业家对于章程的态度往往游移于重视与忽视之间。平安无事的时候未必重视，出问题的时候重视也晚了，甚至实践中有过这样的案例。公司成立之初，股东先签署股东协议，之后再定公司章程。谁知，后制定的公司章程竟然与先前股东协议相悖，而股东未曾审查公司章程，对此浑然不知，直到诉讼败北，方才恍然大悟。这一章的内容，希望能引起你的注意。尽管公司法在不断地更新，但倘若没有公司章程对公司法进一步落实，许多法律条款依然形同虚设，难以发挥其应有的效力。

PART 3
第三部分

投资后的股权管理

第 6 章
CHAPTER 6

进退自如：股东投资的退出约定

能投不能退，是很多投资人的痛。我这里指的投资人，包括专业投资人，也包括非专业投资人。比如，很多企业家或者企业接班人，手上有了闲散的资金，除了自己经营，也与朋友合伙搞投资，但这种合伙前景未必乐观。第一，很多投资人只想到了"防"，从未想到"退"，所以合伙人，尤其是小股东嘴上常常挂着的是"一票否决权"。一票否决权是一种有效的防御机制，问题是股东在"一票"否决合伙人的同时，也否决了自己的投资。最后，投资的公司成了烂摊子，他进退两难。第二，很多股东意识到投资"退出"的重要性，但不会操作"退"，以为非得依赖专业机构不可。实际上，只要掌握了基本要领，个人也能对如何退出投资有清晰的认识。

我举例说明股东退出，俗称"退股"的基本逻辑。

A公司，张三占股60%。在公司成立之初，全体股东一致同意：若大股东张三意外去世，其子小张不得继承其父60%的股份，这些股份需要按照占股比例转让给其他股东。

该约定是否合法？

合法。新公司法第九十条规定：（有限公司）自然人股东死亡后，其合法继承人可以继承股东资格；但是，公司章程另有规定的除外。第一百六十七条规定：（股份公司）自然人股东死亡后，其合法继承人可以继承股东资格；但是，股份转让受限的股份有限公司的章程另有规定的除外。

根据A公司章程的约定，股东张三的继承人小张无权直接继承股份。但小张不能继承股份，并不意味着小张不能继承股份所代表的货币价值。也就是，如果大股东张三去世，小张不得继承其父60%的股份，却有权继承其父60%股份所对应的6000万元人民币的股权价值。章程无特殊约定，小张继承股份。章程有约定，股权继承转变为股权转让。

为什么这么约定？目的在于保证股权在公司内部流转。股权内部流转对于"人合"企业（有限公司）很有必要。我就见过企业家不重视家庭治理，多段婚姻导致继承人过多，他去世后，继承人之间的继承纠纷闹得公司分崩离析……

这项约定，体现了股东退出的第一个关键词：触发条件。

所谓触发条件，就是出现什么状况，股东可以退出，股权可以转让。

实战指引 6-1 ▶

投资机构如何防范夫妻离婚导致的股权变动

同样道理，夫妻之间是否和睦，也是股权关系是否稳定的关键。试想，一个投资人持有某公司 30% 的股份，而大股东夫妇占股 70%。一旦大股东夫妻感情破裂，理性分手，公司股东便从两个人变为三个人，股权结构成为 35%、35%、30%。我称这一类股权结构为"三国演义"，"三国演义"属于最不稳定的股权结构之一。我个人认为，企业只有一种股权结构最好，即一股独大。因此，投资之前，投资人必做的尽职调查内容之一，便是审视企业家夫妻关系是否和睦。但是，今天夫妻关系好，不代表明天夫妻关系也好。所以投资人在投资"夫妻店"之前，同样需要约定股份内部流转的条款。

1. 公司章程及协议特殊约定

（1）公司章程特殊约定：公司创始人股东夫妻离婚，致使股权成为被分割财产，公司创始人股东的配偶需要退出公司，并需出具相应声明。

（2）股东协议特殊约定：公司创始人股东夫妻签署协议，规定若离婚，不参与公司经营的一方需将股权转让给经营方股东，且双方事先约定股权转让价格。

（3）投资协议特殊约定：投资协议中明确处理夫妻纠纷的时限。一旦超时，投资人有权利要求夫妻一方或公司回购其所持股权。

2. 股权结构和股权架构设计

（1）"夫妻店"形式的民营企业，投资机构要求"夫妻"双方签署一致行动人协议，同时对协议股东的股份转让做出限制性约定。

（2）投资人要求初创企业搭建有限合伙企业架构，创始人股东做GP控制企业，其配偶则为LP只有分红权利。

一家公司的股权内部流转，约定有效。但下一个问题随之而来。

A公司大股东张三出现意外，小张有权利继承其父的股份价值。但60%股份的遗产到底值多少钱？是6000万元人民币，还是60万元人民币？股权的转让价格应该谁说了算？

于是，股东退出的第二个关键词出现了：退出价格。

退出价格务必提前约定，不然，股权价格不确定的情况下，一旦产生纠纷，即便诉诸法律，法院也难以裁决，即便有了裁决，也难以执行。因为股权价格的评估有多种不同的标准。

比如，有人讲，A公司股权应当按公允价值计价。但请问一家公司的公允价值如何计算？A公司若为上市公司，可以参考相关监管机构的规定。例如，《上市公司重大资产重组管理办法（2020年修正）》第四十五条规定：上市公司发行股份的价格不得低于市场参考价的90%。市场参考价为本次发行股份购买资产的董事会决议公告日前20个交易日、60个交易日或者120个交易日的公司股票交易均价之一。

例如，《上市公司股权激励管理办法（2018年修正）》第二十三条规定：上市公司在授予激励对象限制性股票时，应当确定授予价格或授予价格的确定方法。授予价格不得低于股票票面金额，且原则上不得低于下列价格较高者：

（一）股权激励计划草案公布前1个交易日的公司股票交易均价的50%；

（二）股权激励计划草案公布前20个交易日、60个交易日或者120个交易日的公司股票交易均价之一的50%。

非上市公司如何计价呢？按照净资产计价吗？那销售公司、商贸公司之类的轻资产企业如何计算呢？有一次，我问一家广州的贸易公司："你们公司净资产多少？"老总伸出六根手指头，示意他们公司的净资产是6台电脑！但该公司一年的净利润竟然达到上亿元人民币。有人可能会说，净资产也可以评估作价。那评估作价又按哪一种计价方式呢？计价方式本是方法论，方法论不同，评估值天差地远。

按照注册资本价格，原先投资多少，当下多少退出？公司若盈利，或有较好的发展前景，我相信绝无股东会同意这个方案。

所以，小张想要顺顺利利地获得股份价值，老张等股东务必提前约定股份退出的回购价格。

但股东之间明确约定了回购价格，是否意味着小张必然能拿到股份所代表的这一笔钱呢？

还是未必。因为小张要拿到钱，需要有一方回购股份。股份该由谁回购呢？是其他股东回购，还是公司回购呢？若由其他股东回购，但股东声称缺少回购资金，无回购能力呢？若由公司回购，但公司债台高筑，债权人不同意减资呢？（公司回购，减少注册资本是前提，而减少注册资本的前提是债权人同意。）

于是，第三个关键词随之而来：如何退出。

6.1 约定退出的触发条件

通过案例，大家发现，股东"退出"既简单又不简单。

股东到底应当如何约定退出呢？

首先，务必约定触发条件。简单讲就是，在什么情况下，大家伙儿不一起走下去了。

可以按照以下几类方式，思考如何约定退出的触发条件。

（1）过错退出，即任何一方股东出现重大过错，其他股东有权回购其股份。

同业禁止：股东在公司以外自己或与他人或指示他人建立公司，该公司与其所在公司实际业务一致。

重大过错：股东本人或指使代表该股东利益的董、监、高，挪用公司资金、占用公司资产等。

股东刑事犯罪。

（2）无过错退出。

股东意外死亡。

（3）正常退出。

公司营业期限届满。

公司连续三年亏损或亏损已达公司注册资本比例的30%。

股权激励对象未达业绩目标，其所持有股份被回购。

6.2 约定退出的价格

其次，务必约定退出价格。

表6-1中列示了几种股东退出定价法。

表 6-1 股东退出定价法

定价方法	定价依据	对应条件/行业/企业类型
出资额法	股东实际出资	・公司未盈利或略亏损 ・股东有重大过错
实际投入法	股东的实缴出资＋其他投入	・传统企业为主 ・需要企业财务记录完整、股东的非货币财产出资评估清晰
净资产法	公司净资产	・传统企业为主
审计评估法	专业评估机构对公司的审计评估	・国有企业 ・传统企业
现行市价法	相同或者类似公司的市场对价	・高新技术企业、互联网企业、战略新兴企业 ・拟上市企业
收益现值法	公司若干年的盈利预期的现值	・便于折现计算的行业，如高速公路
重置成本法	设立一家同类行业、同类规模新公司的成本	・多行业

6.3 约定退出方式

最后，要约定退出方式。简而言之，由谁来购买该股份？

主要有三种方式：股东回购；公司回购；股权对外转让。

第三种方式主要适用于上市公司。非上市公司的股份流通性不足，主要适用第一种和第二种方式。

6.3.1 股东回购

股东回购，也就是股份内部转让。

实战指引6-2 ▶

股东回购条款示范

A公司，合资股东共计两个人，该公司股东协议对股东退出约定如下。

合作的终止条件

公司发生以下任何事项，股东任意一方有权在公司经营期限结束前，书面通知另一方终止本合作协议：

（1）任意一方股东严重违反本协议，且该违约行为可以补救，但在接到另一方书面通知后××日内未予补救。

（2）公司自工商注册成立日起×年内，连续两年每年经营损失或其他任何损失超过实缴注册资本总额的百分之三十。或在同一期限内，累计损失额超过实缴注册资本总额的百分之五十，以较早发生者为准。

（3）在公司经营的×年内，公司任意一方股东未实现本协议中约定的商业目标。

（4）任意一方股东违反本协议，擅自转让、质押其股权或在股权上设立其他权利限制。

（5）任意一方股东在公司任职期间，包括但不限于发生下列任一损害公司及股东利益的情形时，另一方股东有权回购该股东所持有的全部股份：

1）因触犯刑法，被法院判处相应刑罚；

2）因违法参与经济活动，已被有关部门处罚；

3）存在严重违反公司规章制度的行为，损害公司利益；

4）利用从公司获得的交易信息，为第三方谋取商业机会；

5）虚开公司报销发票、消费清单或伪造公司财务凭证；

6）挪用公司资金，侵占公司财产；

7）利用公司职务之便，收受他人贿赂；

8）泄露公司的关键数据、技术、经营策略、战略计划、营销策略和客户档案等一切商业机密；

9）利用公司机密信息，威胁及要挟公司或其他股东；

10）假借公司名义招摇撞骗，严重损害公司形象；

11）捏造关于公司的负面信息，给公司造成损失；

12）在同类或不同类业务的公司兼职，违反职业忠诚；

13）违反公司章程或者其他与公司签订的协议，情节严重。

6.3.2 公司回购

公司回购，也就是股东退出时由公司回购其股份。

很多人分不清楚股东回购和公司回购。股东回购，自然是股东自己掏腰包回购其他股东的股份；公司回购，是公司出资回购股东的股份。

公司能回购本公司股东的股份吗？

原则上不可以。为什么？

因为需要保护债权人的利益。

假设 A 公司注册资本实缴了 1000 万元人民币，公司还有未分配利润 1000 万元人民币。不考虑其他资产，公司持有 2000 万元人民币的货币资产。当前，公司对外债务为 1000 万元人民币，这一笔外债还不还得起？毫无问题，还得起。

但是，A 公司的大股东张三却要求公司回购其所持有的公司 80% 股份，回购价格按照公司货币资产乘以 80% 计算。公司如果支付张三 1600 万元人民币（=2000 万元 ×80%），还能还 1000 万元人民币的外债吗？还不了。因此，这种行为不被允许。那公司如何回购股份？必须减资回购。

例如，A 公司注册资本为 1000 万元人民币，张三出资 800 万元人民币，李四出资 200 万元人民币。现在，李四要求退出回老家，并要求按照注册资本价格退出。李四退出有两种方式：第一种，由张三购买其股份，即股权转让；第二种，A 公司将 1000 万元人民币的注册资本减少为 800 万元人民币，公司回购。

公司回购为什么必须减资？很简单，减资必须履行通知债权人的程序，争取债权人的同意，由此保护债权人的利益。

新公司法第二百二十四条规定：公司减少注册资本，应当编制资产负债表及财产清单。

公司应当自股东会作出减少注册资本决议之日起十日内通知债权人，并于三十日内在报纸上或者国家企业信用信息公示系统公告。债权人自接到通知之日起三十日内，未接到通知的自公告之日起四十五日内，有权要求公司清偿债务或者提供相应的担保。

公司减少注册资本，应当按照股东出资或者持有股份的比例相应减少出资额或者股份，法律另有规定、有限责任公司全体股东另有约定或者股份有限公司章程另有规定的除外。

未经债权人同意擅自减资会导致什么后果？

其一，即便减资行为没有影响债权人利益，但违反公司法的强制性规定，股权回购也属于无效行为，公司股东需要退还所获得的公司资产，并且以其获得的资产为限承担连带责任。其二，该行为若给公司或债权人造成重大损害，则该减资行为将被定义为抽逃，需要承担相应法律后果。

为什么要学习公司回购的有关规定？

第一，新公司法明确规定了允许公司回购的几种情形。

新公司法第八十九条规定了有限公司可以回购的情形。

有下列情形之一的，对股东会该项决议投反对票的股东可以请求公司按照合理的价格收购其股权：

（一）公司连续五年不向股东分配利润，而公司该五年连续盈利，并且符合本法规定的分配利润条件；

（二）公司合并、分立、转让主要财产；

（三）公司章程规定的营业期限届满或者章程规定的其他解散事由出现，股东会通过决议修改章程使公司存续。

自股东会决议作出之日起六十日内，股东与公司不能达成股权收购协议的，股东可以自股东会决议作出之日起九十日内向人民法院提起诉讼。

公司的控股股东滥用股东权利，严重损害公司或者其他股东利益的，其他股东有权请求公司按照合理的价格收购其股权。

公司因本条第一款、第三款规定的情形收购的本公司股权，应当在六个月内依法转让或者注销。

新公司法第一百六十二条规定了股份公司可以回购的情形。

公司不得收购本公司股份。但是，有下列情形之一的除外：

（一）减少公司注册资本；

（二）与持有本公司股份的其他公司合并；

（三）将股份用于员工持股计划或者股权激励；

（四）股东因对股东会作出的公司合并、分立决议持异议，要求公司收购其股份；

（五）将股份用于转换公司发行的可转换为股票的公司债券；

（六）上市公司为维护公司价值及股东权益所必需。

以上情形，法定公司可以回购。其他情形能不能公司回购呢？我的回答是不可以。因此，新公司法相比老公司法新加了一条："公司的控股股东滥用股东权利，严重损害公司或者其他股东利益的，其他股东有权请求公司按照合理的价格收购其股权。"很有意义。原先小股东受到大股东侵害，要求公司减资回购股份，但受限于公司法中并未明确规定，实际操作困难重重。现在新公司法的明确规定，为中小股东提供了新的退出渠道，有效保障其利益。

第二，早在2019年，相关规定已经明确，投资机构签署的对赌协议可以要求对赌失败的一方回购股份。

对赌协议的回购同样分为两类：一类为股东回购（普遍为大股东回购，也有约定由全体股东回购的）；另一类为公司回购。在对赌行为中，股东回购股份没有争议，法律也支持。但公司是否有权回购对赌协议的股份，一直存在争议，直到2019年最高人民法院发布《全国法院民商事审判工作会议纪要》(九民纪要)，其中规定："对于投资方与目标公司的股东或者实际控制人订立的'对赌协议'，如无其他无效事由，认定有效并支持实际履行，实践中并无争议……投资方与目标公司订立的'对赌协议'在不存在法定无效事由的情况下，目标公司仅以存在股权回购或者金钱补偿约定为由，主张'对赌协议'无效的，人民法院不予支持，但投资方主张实际履行的，人民法院应当审查是否符合公司法关于'股东不得抽逃出资'及股份回购的强制性规定，判决是否支持其诉讼请求。"

简而言之，对赌失败，公司可以回购股份，但需以公司减资为前提，减资需要债权人同意。这样就与公司法的规定挂上钩了。

还有一点需要注意。

公司减资回购作为一种股东退出途径，可以在公司章程中依据公司法的规定加以约定。但若仅仅抄写新公司法的规定，缺乏细节约定，对于股东利益保护的意义不大。

何谓细节约定？下面举例说明。

第一，新公司法规定了股东可以请求公司按照合理的价格收购其股权的情形（公司连续五年盈利且不分配利润；公司合并、分立、转让主要财产；公司营业期限届满继续经营；公司的控股股东滥用股东权利，严重损害公司或者其他股东利益)，但并未明确什么是"合理的价格"，需要股东自行约定。也就是6.2节提到的，股东需要约定退出的价格。

实战指引 6-3 ▶

公司回购条款：价格约定

"若发生以下任一情形，对股东会该项决议投反对意见的股东，有权要求公司按照收益现值法评估价格／按照最近一期经审计净资产账面价值按股权比例乘以 1.5 倍收购其股权。"

第二，针对公司连续五年不向股东分配利润，而公司该五年连续盈利进行细节约定。先不说股东的查账权遭遇障碍，如何知晓公司是否盈利，盈利多少，即便知晓公司盈利，公司却在盈利第四年拿出净利润的 0.5% 分配给股东，是否也属于连续五年不分配利润？

实战指引 6-4 ▶

公司回购条款：分红约定

"公司盈利应向股东分配利润，且分配的利润应不低于公司未分配利润的 20%。特殊情况，分配利润的比例允许低于 20%，但需召开股东会会议且经全体股东同意。违反此约定，股东有权利要求公司依据约定价格回购其股份。"

第三，针对公司合并、分立、转让主要财产进行细节约定。合并、分立容易理解，但什么是主要财产？

实战指引 6-5 ▶

公司回购条款：公司主要财产的约定

"主要财产指：（1）涉及出售或置换的资产，若其总额达到公司上一会计年度经审计总资产的 30%，或净额超过 20%；或该资产在上一会计年度所产生的主要营业收入占公司主营业务收入的比例达 50% 及以上；（2）涉及出售或置换的资产，为对公司运营有重大影响的主要业务所需的无形资产（如商标、专利）及有形资产（如土地、厂房、机器设备）。（3）本章程规定的其他情形。"

第四，针对公司的控股股东滥用股东权利，严重损害公司或者其他股东利益进行细节约定。

实务中，股东可以对什么情形属于滥用股东权利，什么情形属于严重损害以及具体的尺度进行约定。

6.3.3 股权对外转让

股权对外转让，涉及优先购买权的问题。

优先购买权属于有限公司的股东权利，股份公司股东是否具备优先购买权需要股东特别约定。

什么是优先购买权？为了便于理解，我以生活场景举例。

张三名下拥有两套住房，其中一套自住，另外一套出租给李四。这一天，张三决定将出租给李四的房屋出售给王五。请问，张三未征得租客李四的同意，该房产能否直接出售给王五？

不能。张三对于自己的房产有权自由交易，但出售之前，首先应该询问李四是否有意愿购买该房产。如未经李四同意，张三和王五私下达成交易，李四有资格去法院申请双方买卖合同无效。因为李四作为租客，具有以同等价格优先购买该房产的权利。

所以，我在北京委托中介出售房产时，房产中介的销售人员首先会询问房屋是否正在出租。如果答案是正在出租，下一步销售人员必然找个合适的时间上门，让租客签署放弃优先购买权的协议，以免出现法律纠纷。

有限公司的股东具备优先购买权，只是优先购买的物品从房产变成了股份。

| 案例 6-1 |

优先购买权举例

A 公司为一家一人有限公司，张三为该公司唯一股东，占股 100%。2020 年，公司实行股权激励计划，授予 10 名核心员工每人 1% 的股份。大股东张三剩余 90% 的股份。某日，张三找到著名的"神通广大"人士李四，并委托其办理一件棘手的事情，许诺事成之后，将从自己所持有的90%股份中拿出30%赠送李四。李四非常心动，但口说无凭，立字为据，双方签署了协议。一个月后，李四成功完成委托，并要求张三前往相关部门完成股权变更。

请问，未经公司其余10名小股东的同意，该30%的股份是否能够直接转让于李四名下？

答案是：需要经过其他10名小股东的同意，其他股东具有优先购买权。

（新公司法第八十四条规定："有限责任公司的股东之间可以相互转让其全部或者部分股权。

"股东向股东以外的人转让股权的，应当将股权转让的数量、价格、支付方式和期限等事项书面通知其他股东，其他股东在同等条件下有优先购买权。股东自接到书面通知之日起三十日内未答复的，视为放弃优先购买权。两个以上股东行使优先购买权的，协商确定各自的购买比例；协商不成的，按照转让时各自的出资比例行使优先购买权。

"公司章程对股权转让另有规定的，从其规定。"）

注意，"其他股东在同等条件下有优先购买权"这句话已经表述得很清楚了，优先购买权是按照人头行使的，而不是股权比例。A公司现有股东11人，除了大股东张三，还有10名股东，这10名股东都需要同意，李四才能成为公司正式股东！

为什么给有限公司的股东专门设置了优先购买权？

因为有限公司为"人合"企业，而股份公司为"资合"企业。"人合"企业股东出资虽然重要，但股东之间的熟人关系更为关键，所谓"人合"，就是股东之间得"合"。正因为如此，有限公司不允许上市，毕竟熟人属性和公众公司属于两个极端。想象一下，一家上市公司股东人数达到几万、几十万人，如果每次股权转让都需要征得其他股东同意，根本无法运作。

不要小看优先购买权，实务之中，影响很大。

| 案例 6-2 |

玩转优先购买权

A 股份公司为主板的上市公司，B 有限公司为非上市公司。两家公司主营业务一致，A 公司基于扩大业务需要，有意收购 B 公司。B 公司的股东为两个人，张三占股 70%，李四占股 30%。张三觉得这两年经营公司的精力跟不上了，于是很愉快地同意了上市公司的报价，并准备转让其 70% 的股份。但是好事多磨，A 公司的老竞争对手 C 上市公司突然找到了 B 公司小股东李四，指示李四行使股东优先购买权，先行购买张三 70% 的股份，继而将 B 公司 100% 的股份全部转让给 C 上市公司。

此时，张三作为大股东应该如何处理？

张三发函通知李四，B公司将召开临时股东会会议。会议议题为A公司的子公司与B公司合并的表决。请注意，我写的是公司合并，而非股权收购。原先，张三有意将自己70%的股份转让给A上市公司，但遭到李四反对，于是A上市公司调整策略，提出A公司的子公司与B公司合并。新公司法第八十四条规定：**有限责任公司股权转让给股东以外的人，应当将股权转让的数量、价格、支付方式和期限等事项书面通知其他股东，其他股东在同等条件下有优先购买权（我总结）**。同时，该法第六十六条又规定："**股东会作出修改公司章程、增加或者减少注册资本的决议，以及公司合并、分立、解散或者变更公司形式的决议，应当经代表三分之二以上表决权的股东通过。**"简而言之，股权转让需要李四本人同意，否则不可行；但改为公司合并，只需要代表三分之二以上表决权的股东通过即可。

张三占股70%，过三分之二表决权通过！

于是，A公司的子公司与B公司实施了合并。双方股权比例的确定依据是各自的审计净资产价值。具体来说，A公司子公司的审计净资产为9亿元人民币，而B公司的审计净资产为1亿元人民币。合并之后，新设立的公司中，A上市公司子公司占股90%，原B公司大股东张三占股比例从70%缩减为7%。同样，李四的占股比例从30%缩减为3%。李四的结局可想而知，自然是被边缘化。

但法律也要保护李四的权利。这就涉及我之前提及的公司回购的内容，新公司法第八十九条规定，"有下列情形之一的，对股东会该项决议投反对票的股东可以请求公司按照合理的价格收购其股权：……（二）公司合并、分立、转让主要财产"。这个关键时刻，李四有权利要求公司回购其股份，保护其股东利益不受损害。当然，需要再次强调，关于回购的具体价格是多少，还需要章程有所约定。不然，李四的异议股东回购请求权如何获得充足保障，仍旧是实践层面难以解决的问题。

法规解读 6-1 ▶

新公司法关于股权转让规定的新变化

第一，老公司法第七十一条规定：**股东向股东以外的人转让股权，应当经其他股东过半数同意。股东应就其股权转让事项书面通知其他股东征求同意。**新公司法八十四条规定：**股东向股东以外的人转让股权的，应当将股权转让的数量、价格、支付方式和期限等事项书面通知其他股东，其他股东在同等条件下有优先购买权。**没有写，需要经过其他股东半数同意，而且"**股东自接到书面通知之日起三十日内未答复的，视为放弃优先购买权**"。程序简化，但权利保障依旧。

第二，新公司法关于股权转让新增规定：（1）**股东转让股权的，应当书面通知公司，请求变更股东名册（第八十六条）。（2）公**

司应当将股权转让等变更信息进行公示（第四十条）。（3）股权转让之前未实缴出资，由购买方（受让人）负责缴纳（第八十八条），当然协议也可以另外约定。（4）股份公司允许设置转让的受限股（第一百四十四条）。

上文阐述了多项股东权利的运作规则，希望股东和有意创业的人认真学习这些规则。融资、上市、合伙搞企业的过程中，这些规则处处在发挥作用，漠视或错误地应用，将会留下莫大隐患。但无论什么样的"游戏"规则，法律强制的也好，股东私下拟定的也罢，均应明确写入股东协议、公司章程等相关法律文件，形成明确约定。

第 7 章
CHAPTER 7

股东权利要落实：股东协议、公司章程的拟定

在本章正式开始之前，我先说清楚几个问题。

第一，很多创业公司的出资者希望在公司成立之时写一份个性化章程，但该个性化章程行政登记机构往往不予注册。于是，有的出资者使用行政登记机构的模板章程进行登记，也有出资者会设置阴阳章程。

什么是阴阳章程？顾名思义，公司在行政登记机构用模板注册章程（我称之为模板章程），该章程注册之后，股东重新召开股东会，决议修改公司章程，使公司章程个性化。但修改后的章程未在行政登记机构注册，仅在公司内部使用（我称之为内部章程）。于是，该公

司有了内外两个章程：一份对外（模板章程，注册用），一份对内（内部章程，实际执行）。

| 案例 7-1 |

内部章程与注册的模板章程哪个在法律层面更有效力

A 有限公司，大股东张三占股 80%，小股东李四占股 20%。根据公司法的规定，重要事项应当经代表三分之二以上表决权的股东通过方可实施。李四担心公司完全被张三控制，因为他作为小股东缺少话语权。于是，在公司成立之初，李四和张三协商一致，修改公司章程。新公司章程约定：包括修改公司章程在内的所有公司重大事项都需公司全体股东一致同意方能执行。但对该项修改，行政登记机构不予注册。两名股东再次商议后决定，先以模板章程在行政登记机构注册。次日，两个人再召开股东会，修改公司章程，将以上内容（包括修改公司章程在内的所有公司重大事项都需公司全体股东一致同意方能执行）写入公司章程，但该章程却未去行政机构注册，仅为公司内部使用。

问题：在行政登记机构注册的模板章程和公司内部使用但并未注册的内部章程，两份文件的记录内容皆合乎法律要求，两者互相矛盾，以哪个为准？

这要分内外和先后。

以内外论，公司章程并非以行政登记机构注册为其合法前提，也就是，公司章程合法与不合法和在行政登记机构注册与否没关系。但公司内部章程虽然合法，却对善意第三方无效。所谓善意第三方指的是约定方以外，对约定方私下协议内容并不知情的其他人。比如，某投资机构准备投资 A 公司，在尽职调查的时候，询问 A 公司是否有"内部章程"，股东张三和李四均回答没有。投资机构随即要求张三和李四书面确认。在这种情况下，A 公司内部章程的约定对该投资机构无效。

以先后论，哪一份章程的约定时间在后，自然更有效。

第二，正因为企业注册的时候使用模板章程太普遍了，很多企业家养成了一个不良习惯，就是不看模板章程。实务中，企业家更重视股东协议和内部章程（当然也有很多企业只用一份股东协议，并无内部章程）。

那么，如果公司有模板章程，股东间有股东协议，两份文件的记录内容皆合乎法律要求，两者互相矛盾，以哪个为准？

实战指引 7-1 ▶

股东协议和公司章程冲突，以哪个为准

若股东协议和公司章程两份文件的记录内容皆合乎法律要求，两者互相矛盾，以哪个为准？

（1）看时间。如果两者都合法，哪个约定时间在后，以哪个为准。现实中，企业家普遍先商定股东协议，后去行政登记机构注册章程。为了防止股东协议与注册的章程互相矛盾，股东可以在章程于行政登记机构注册之后，再度召开股东会，修改股东协议并表决通过。

（2）看内容。务必在股东协议中明确冲突的解决条款。比如A公司于2023年成立，股东协议约定注册资本实缴期限为2025年，但是注册的章程规定的注册资本实缴期限却是2027年。股东协议最好写上类似这样的语句："本协议与公司章程及其他行政登记机构的登记文件有冲突的，以本协议为准。"

（3）涉及善意第三方的利益，以在行政登记机构注册的章程为准，因为注册的章程会对外公示。比如，股东协议和公司注册的章程关于股东出资的约定不一样，对于善意第三方，自然以公示的注册章程为准。

当然，实务中，通常协议比章程"管用"，我写的"管用"，指的是适用范围更广泛，书写意思更具有"人合"属性，因为公司章程需符合公司法的规定，而股东协议则只要符合民法典合同编的规定即可。私法领域，法无明令禁止即为有效。

7.1 搞公司，要会约定股东协议

公司分为两类：一类为有限责任公司，简称有限公司；另一类为股份有限公司，简称股份公司。这两类以外，比如集体企业、股份合作企业、合伙企业等，统统不属于公司。公司的"游戏"规则，和它们也没什么关系。包括个人独资企业（注意！不是一个股东的公司！后者是公司，前者是一家企业！）、个体工商户，也统统不属于公司。曾有学员问我一个问题："新公司法要求有限公司 5 年内注册资本实缴完毕，请问合伙企业要不要注册资本 5 年内实缴完毕？"合伙企业不属于公司范畴，所以新公司法的规定自然影响不了合伙企业。合伙企业是否注册资本也需要 5 年内实缴完毕，要看合伙企业法。

还有一种"集团公司"，是不是公司？

集团公司也不是公司。因为它是法人联合体，而不是独立法人，它是一堆公司，而不是一家公司。所以，有些企业的人，将自己的一级母公司称为"集团公司"是错误的。比如，中石油的全称是什么？是"中国石油天然气集团有限公司"。你会发现，它最后四个字是"有限公司"，所以它是一家"有限公司"，而不是"集团公司"。但"有限公司"前面确实还有"集团"两个字，又该怎么理解？它是在告诉你，它是一家集团公司的"母公司"。这家母公司和其他中石油的二级公司、三级公司合在一起，统称为一家"集团公司"！

有限公司成立，股东之间签的协议称为投资协议或合资合同。

股份公司成立，股东之间签的协议称为发起人协议。

不管是投资协议、合资合同还是发起人协议，我都简称为"股东协议"。

这一节主要的内容是股东协议如何约定，但大部分协议的约定内容同样可以放入章程，因此该节既讲的是协议如何约定，也讲的是章程如何书写。

7.1.1 股东出资的约定内容

股东出资既是公司章程的必备条款，也是股东协议的关注重点，内容包括股东的出资方式、出资额和出资时间。有限公司股东出资可以分期认缴，也可以一次性实缴。股份公司则分为实缴和授权资本制。既可以货币出资，也可以非货币出资。

1. 新公司法关于注册资本制度的修改

自 2014 年开始，注册资本既可以实缴，也可以认缴。

实缴，简而言之，指的是实际出资。认缴，指的是公司成立当下，股东不出资，而是与公司约定以后的什么时间再履行出资。

新公司法对公司资本金缴纳的制度做了很大的修改（见表 7-1）。

第四十七条规定，（有限公司）自公司成立之日起五年内缴足出资。第九十八条规定，（股份公司）应当在公司成立前按照认购的股份全额缴纳股款。也就是说，第一，有限公司的资本金需要自公司成立之日起五年内实缴完毕。第二，股份公司不可以认缴了。

表 7-1　新公司法规定的各类公司注册资本制度

公司类型	注册资本制度	出资方式
有限公司	法定资本制	认缴、实缴
股份公司	法定资本制、授权资本制	实缴

公司资本金缴纳制度的变化对企业产生一些新的影响。

第一，新公司法完善了加速到期。

很多企业家为什么搞大额资本金认缴？原因之一是老公司法未对认缴到期时间做出明确规定。有一家公司，2014年成立，设定的认缴期限竟然是80年。后来这家公司经营不善，负债累累，债权人将其告上法庭，要求偿还债务。公司股东竟回应说，等2094年实缴完毕，一定奉上欠款。可不可以呢？如果公司合法经营，获利甚丰，可以。这被称为"期限利益保护"原则，在约定的实缴期限到达之前，股东有权不履行出资。但"期限利益保护"原则有例外，被称为"加速到期"。一旦触发，资本金当即缴纳。老公司法时期，触发"加速到期"分为两种情况。第一，公司破产、解散，或者公司资不抵债，等同破产。第二，出现明显的耍赖行径，比如股东约定2023年资本金实缴完毕，但为了不偿还债务，召开股东会，表决通过，推迟实缴期限到2055年。

新公司法修改了"加速到期"的条件，新公司法第五十四条规定："公司不能清偿到期债务的，公司或者已到期债权的债权人有权要求已认缴出资但未届出资期限的股东提前缴纳出资。"

第二，股东失权制度的变化。

新公司法施行之前，根据公司法司法解释三以及九民纪要，股东失权包含两种情形，其一是股东除名，其二是公司申请股东失权。

先说第一种情形，股东除名。公司法司法解释三第十八条规定："有限责任公司的股东未履行出资义务或者抽逃全部出资，经公司催告缴纳或者返还，其在合理期间内仍未缴纳或者返还出资，公司以股东会决议解除该股东的股东资格，该股东请求确认该解除行为无效的，人民法院不予支持。"

股东不履行出资或者抽逃全部出资，其余股东可以自行召开股东会，将违约的股东表决除名。但请注意，这指的是不履行出资和抽逃全部出资的股东，若章程未特别约定，部分出资及抽逃部分出资的股东都无法除名。

第二种情形，若股东部分出资，公司可以向法院申请限制其部分权利。例如，A公司注册资本为1000万元人民币，公司章程规定的注册资本实缴期限为2024年1月1日。但到了2024年的1月2日，张三认缴的300万元人民币出资实际只履行了100万元人民币的出资。那么，在公司向法院申请之后，该股东的权利，如分红权、新股认购请求权等权利，将按其实际出资的100万元人民币来计算。

新公司法完善了股东失权制度。

首先，股东失权程序简化。新公司法第五十二条第一款规定："股东未按照公司章程规定的出资日期缴纳出资，公司依照前条第一款规定发出书面催缴书催缴出资的，可以载明缴纳出资的宽限期；宽限期自公司发出催缴书之日起，不得少于六十日。宽限期届满，股东仍未履行出资义务的，公司经董事会决议可以向该股东发出失权通知，通知应当以书面形式发出。自通知发出之日起，该股东丧失其未缴纳出资的股权。"股东未按照公司章程规定的出资日期缴纳出资，公司应首先通知该股东，并给予其至少60天的出资补救期限。补救期满，股东仍未履约，公司经董事会决议可以通知该股东失权。全部未出资全部失权，部分未出资部分失权。比如，A公司注册资本为1000万元，公司章程规定的注册资本实缴期限为2025年1月1日。到了2025年的1月2日，张三认缴的300万元，实际出资仅100万元。那么，在60天的补救期限到期后，公司董事会决议并通知张三，他只剩下100万元的股份了，其余200万元的股份因未出资而失权。

其次，失权的200万元股份去了哪里？新公司法增加了丧失股份的处理。新公司法第五十二条第二款及第三款规定："依照前款规定丧失的股权应当依法转让，或者相应减少注册资本并注销该股权；六个月内未转让或者注销的，由公司其他股东按照其出资比例足额缴纳相应出资。股东对失权有异议的，应当自接到失权通知之日起三十日内，向人民法院提起诉讼。"据此有三种处理方法：转让；未转让的，六个月内减资注销；六个月内未转让或者注销的，由公司其他股东按照其出资比例足额缴纳相应出资。

第三，认缴股份转让的风险。

认缴的股份可以转让，但认缴的出资责任谁来承担？新公司法施行之前，有三类方式：其一，有约定按约定，无约定谁买谁出。其二，股东转让股份如果以逃避债务为目的，卖方对于买方出资的义务承担连带责任。其三，买方担责，但如果买方无力承担，则卖方以买方未出的那一部分为限承担连带责任。例如，转让认缴的1000万元的股份，买方仅能出资500万元，那么卖方也得承担500万元的连带责任。新公司法采取第三类方式，第八十八条第一款规定："股东转让已认缴出资但未届出资期限的股权的，由受让人承担缴纳该出资的义务；受让人未按期足额缴纳出资的，转让人对受让人未按期缴纳的出资承担补充责任。"因此，新公司法实施之后，股东对于认缴股份的转让需要慎重。

2.《国务院关于实施〈中华人民共和国公司法〉注册资本登记管理制度的规定》中规定的存量公司认缴注册资本的过渡期

2024年7月1日，新公司法正式实施，该法要求有限公司的注册资本在5年内缴足。但2024年6月7日，国务院常务会议审议通过了《国务院关于实施〈中华人民共和国公司法〉注册资本登记管理制度的规定》（以下简称《规定》）。该《规定》结合我国注册资本登记的实践情况，设置了存量公司认缴注册资本的三年过渡期。《规定》第二条第一款规定："2024年6月30日前登记设立的公司，有限责任公司剩余认缴出资期限自2027年7月1日起超过5年的，应当在2027年6月30日前将其剩余认缴出资期限调整至5年内并记载于公司章程，股东应当在调整后的认缴出资期限内足额缴纳认缴的出资额；股份有限公司的发起人应当在2027年6月30日前按照其认购的股份全额缴纳股款。"

3. 注册资本认缴，股东该如何约定

结合新公司法，有限公司股东认缴出资的约定可以注意以下几点。

第一，公司的注册资本尽量和实际经营情况相匹配。一些创业者搞1元资本金注册，认为注册资本金少了，则股东责任小了，但九民纪要第12条规定了资本显著不足的责任。这种情况股东的有限责任转为承担连带无限责任了。

第二，认缴的出资额度、五年之内的具体出资时间，都由股东自由约定。该类内容，可以写入章程。

第三，随着公司业务的发展，原本股东出资的约定会随公司经营情况的变化而调整，比如实缴期限提前，实缴金额增加等。例如，可提前规定：董事会或者没有董事会的董事，有权召开股东会会议，股

东会决议 51% 通过，股东出资即可提前缴纳。各股东需按新的股东决议及时缴纳，否则降低违反决议股东的注册资本比例。以上内容，可以写入公司章程。

4. 注册资本实缴，股东该如何约定

实缴出资的风险可以分为以下三类。

第一是虚假出资，虚增资本。看似出钱，实际没出。比如，股东以其他股东的出资作为出资，或者以公司本身的资产出资。

| 案例 7-2 |

虚假出资之循环出资法

一名股东可以以少量资金，在短时间内完成高于实际出资十倍甚至几十倍的出资。怎么做的？

很简单：股东给 A 公司出资 1000 万元，A 公司给 B 公司出资 1000 万元，之后 B 公司再给 C 公司出资 1000 万元，C 公司的 1000 万元又以往来款的方式出资回到了 A 公司，于是 A 公司的注册资本就从原先的 1000 万元变成了 2000 万元，如此往复，循环不断。因此该方法被称为循环出资。通过循环转账制造出资流水的，属于虚假出资。

第二是没有全面履行出资，部分出资。这又大致分为两类：其一是，股东出资不足；其二是，出资的非货币资产的价值明显低于股东认购的股份，即出资不实。比如，以实物、知识产权、土地使用权出

资，但未办理财产转移手续；以知识产权出资，评估显著过高等。违反资本充实责任的，首先该股东要补足差额，其次，公司其他发起人股东也得承担连带责任。当然，公司发起人股东承担了连带责任后，有权向未完全履行责任的股东追偿，但对方也得有钱才行，所以不如防患于未然，杜绝以上行为。

第三是抽逃注册资本。

虚假出资和抽逃注册资本不同，虚假出资是看起来出资了，实际上没出，抽逃是出资到公司了，又从公司转走了。抽逃在法律上有明确列举，虚假出资没有。

法规解读 7-1 ▶

公司法司法解释三关于注册资本抽逃的认定

第十二条 公司成立后，公司、股东或者公司债权人以相关股东的行为符合下列情形之一且损害公司权益为由，请求认定该股东抽逃出资的，人民法院应予支持：

（一）将出资款项转入公司账户后又转出；

（二）通过虚构债权债务关系将其出资转出；

（三）制作虚假财务会计报表虚增利润进行分配；

（四）利用关联交易将出资转出；

（五）其他未经法定程序将出资抽回的行为。

何为抽逃？基本解释可以参考（2021）最高法民申5389号判例："所谓抽逃出资，是指在公司成立后，股东未经法定程序而将其已缴纳出资抽回的行为。"

当然，需要注意，仅仅出现将已缴纳出资抽回的行为，不一定认定为抽逃，那只是形式要件。抽逃行为的认定还需要符合实质要件，即"损害公司权益"。股东出资验资后又转出，只要其他股东同意，而且公司无法证明这个转出行为损害公司权益，不算抽逃。

因此，协议和章程应该对公司的出资行为、资金往来等做出必要的约定。

协议中如何约定以防止出资违约？

第一，根据新公司法的规定进行约定，对于少出资或者没有出资的股东，其未出资部分的股份可以减资注销。

第二，股东也可以沿用老方法，根据公司法司法解释三第十七条（股东未履行或者未全面履行出资义务或者抽逃出资，公司根据公司章程或者股东会决议对其利润分配请求权、新股优先认购权、剩余财产分配请求权等股东权利作出相应的合理限制）进行约定。股东间约定时，可以将股东未履行出资、未全面履行出资和抽逃行为的范围扩大化和严格化，如股东协议中约定未履行出资义务或抽逃全部出资、部分出资、未足额出资、延迟出资、虚假出资、瑕疵出资的股东的权利被限制。限制什么？除了公司法司法解释三中提到的利润分配请求权、新股优先认购权和剩余财产分配请求权三种权利，也可以约定限制表决权。同时，也可以约定向公司派遣董、监、高的权利按照实缴比例行使。

第三，可以根据新公司法第四十九条（股东未按期足额缴纳出资的，除应当向公司足额缴纳外，还应当对给公司造成的损失承担赔偿责任）以及第五十三条（公司成立后，股东不得抽逃出资。违反前款规定的，股东应当返还抽逃的出资；给公司造成损失的，负有责任的董事、监事、高级管理人员应当与该股东承担连带赔偿责任）加以约定。

7.1.2 股东权利的约定内容

对于股东的一些权利如何保障、如何体现，前面已经充分叙述，此处只做总结。

7.1.2.1 股东如何约定表决权

新公司法新增规定，除了有限公司允许同股不同权，非上市股份公司也可以发行一票多表决权的类别股。具体约定，可参考前面章节，此处不再赘述。

7.1.2.2 股东如何约定分红权

第一，有限公司按照实缴的出资比例分配利润，股份公司按照股东所持有的股份比例分配利润；有限公司允许不按照实缴的出资比例分配利润，但需要全体股东同意；股份公司允许不按照股东所持有的股份分配利润，但需要在公司章程中约定。

第二，无盈不分。按照弥补亏损、约定分配、提取公积金、缴纳税款等顺序进行分红前的测算。

第三，有的公司分红决议已经通过，但扣住钱不发放。因此，新公司法第二百一十二条规定："股东会作出分配利润的决议的，董事会应当在股东会决议作出之日起六个月内进行分配。"老公司法规定的是一年内分配完毕，新公司法更改为六个月内，股东可以约定进一步缩短分配时间，比如三个月内。

第四，约定违约条款。

7.1.2.3　股东如何约定查账权

第一，股东有权要求查账，除非公司证明股东有不正当目的。什么是不正当目的？除了公司法司法解释四列举的三种情况以外，股东之间还可以自行约定其他说得通的情况。

第二，查什么？新公司法写了，财务会计报告、会计账簿和会计凭证，无论是有限公司还是股份公司，股东都有权利查阅。但会计账簿和会计凭证虽然允许查阅，却不像财务会计报告一类，新公司法明确规定了可以复制。因此，实务中，被查账的公司往往不允许查账股东复制、摘抄和拍摄会计账簿和会计凭证，除非股东特殊约定。

第三，即便约定了会计账簿和会计凭证可以复制、拍摄、摘抄，但不等于股东可以派遣其他机构审计公司财务情况。单方审计权，属于股东特别约定事项，如股东认为日后有必要对公司财务情况进行审计，可以单独约定。

第四，约定违约条款。

7.1.2.4　股东如何约定退出

第一，应该约定好触发条件。例如，有股东违法违规，"我"这名股东该如何退出？

第二，应当约定好退出价格。股权转让的价格如何计算？

第三，应当约定好退出方式。是大股东回购还是公司减资回购？

如果退出方式是内部股东回购，不涉及优先购买权问题。但如果股份转让给外部人员，有限公司股东需要考虑优先购买权问题。

这些权利当中，我认为表决权对于大股东较为重要。查账权，以及如何约定退出，对于小股东尤其重要。拥有了查账权，小股东才能知道大股东是否有损害股东利益的关联交易或是否转移了公司资产。即便小股东去法院提起诉讼，也需要提供证据。拥有查账权通常是股东证明自己的权利遭到侵害的前提。

7.1.3　如何规范大股东的行为

7.1.3.1　股东如何约定经营质询权

怎么理解股东的经营质询权？下面用一个例子进行说明，你就明白了。

| 案例 7-3 |

股东如何知晓公司具体经营情况

某企业主张三手上有了一点儿闲钱，投资 A 公司 3000 万元人民币，占 30% 的股份。投资之后，A 公司每个月都会给张三寄送财务报表。一段时间之后，张三发现，公司连续两个季度业绩下滑，张三想询问一下公司为什么业绩每况愈下。应该问谁？要问财务总监，或者总经理。但张三给总经理打电话询问公司经营情况，总经理却回复张三："请你通过正当渠道了解公司经营情况。"

那什么是正当渠道？股东应该通过股东会会议了解公司经营情况。

那么，股东会会议多久开一次呢？

新公司法第一百一十三条规定：（股份公司）股东会应当每年召开一次年会；第六十二条规定：（有限公司）定期会议应当按照公司章程的规定按时召开。即有限公司开还是不开股东会会议，多久开一次，由股东自行在章程中约定。

这就是为何基金投资人或者国有企业对外投资的时候，通常第一件事情就是成立董事会。因为股东会会议不经常开，但董事会会议可以多开，同时董事会会议相比股东会会议，与公司经营管理层的对话更加直接。

但是董事会会议由谁召开？由董事长召开。张三不是董事长。如果董事长拒不召集呢？公司法规定，董事长不召集，副董事长召集。张三也不是副董事长。如果副董事长拒不召集呢？法定半数以上董事选出一名董事召集。所以张三作为小股东，只有在定期董事会会议召开的时候，才有权利询问相关人员公司经营情况。但最后一个问题来了，开董事会会议的时候，张三问公司经营情况，董事长说他不清楚，说得问财务和销售副总，结果财务和销售副总统统没来……

请问，新公司法有没有规定，公司召开股东会或董事会会议，公司经营管理层必须出席或者列席？

新公司法第七十四条和第一百二十六条规定，公司召开董事会，经理（即总经理）应该列席会议。第一百八十七条规定，股东会要求董事、监事、高级管理人员列席会议的，董事、监事、高级管理人员应当列席并接受股东的质询。但第一百八十七条指的是股份公司，有限公司无此规定，需要章程特别约定。现实中，无论是股东会会议还是董事会会议，经营层不参加实属正常。

简而言之，张三想要了解公司经营情况，只要公司的实际控制人不予理睬，张三最终只能走诉讼这一步，而走诉讼这一步，拖拖拉拉又几年过去了，公司可能已经关门歇业了！

关于股东的经营质询权，应该怎么约定？

第一，股东会会议多久开一次？召开程序是什么？（可以参考股份公司的程序，适当缩短相关程序的时间。）

第二，董事会会议多久召开一次？召开的具体规则如何约定？如，召开董事会会议，监事是不是必须出席？高管是不是必须列席？对于违反约定的行为，应当怎么处理？比如经营层违约，首次违约可以罚款，再次违约，董事会有权表决更换拒不履职的相关经营层，且董事会召开更换经营层的会议时，关联股东或者董事的表决权回避。

什么是出席，什么是列席？出席有发言权，而列席没有发言权，被问问题的时候再回答。

第三，股东日常是否有权对董、监、高等人员进行质询，包括询问公司经营情况？股东之间可以商定提高沟通透明度，同时确保不扰乱公司日常经营的方法。例如，可约定每月第一周的周五下午，总经理或相关经营层成员轮流接待股东，便于股东及时了解公司经营情况。

7.1.3.2 大股东行为规范条款

这一条款为防范大股东侵害小股东权益的条款。

公司中，大股东侵害小股东权益的方式主要有三类：关联交易、同业竞争、侵占财产。股东可以从这三类方式出发，加以约定。

1. 公平关联交易条款

公司经营免不了关联交易，虽然它可能会威胁到股东和债权人的利益，但也能帮助公司减少运营成本，增加利润。所以，关联交易在于规范而不在于消灭。

新公司法对于关联交易的内容有大幅度修改，主要体现在新公司法的第一百八十二条、第一百八十五条和第一百八十六条以及关于上市公司的第一百三十九条。

我简单归纳分析。

第一，新公司法扩充了关联方的认定，老公司法第二十一条规定，关联方指的是公司的控股股东、实际控制人、董事、监事、高级管理人员。而新公司法第一百八十二条规定的关联方，除了董事、监事、高级管理人员，还包括董事、监事、高级管理人员的近亲属，董事、监事、高级管理人员或者其近亲属直接或者间接控制的企业，以及与董事、监事、高级管理人员有其他关联关系的关联人。

第二，新公司法列举了许多产生关联交易时董、监、高需要遵守的规则，协议和章程摘录即可。首先是关联交易的主动报告制度，或称信息披露制度。不管是不是上市公司、非上市公众公司，董、监、高及其关联人，但凡和所任职公司存在合同交易，全部需向董事会报告。上市公司更加严格，上市公司董事与董事会会议决议事项所涉及的企业或者个人有关联关系的，该董事应当及时向董事会书面报告（见新公司法第一百三十九条）。其次，关联交易的决议主体，由老公司法规定的股东会，变为了股东会和董事会二选一，公司章程自行规定。最后，关联交易涉及方必须表决权回避。新公司法规定，董事会对（关联）事项决议时，关联董事不得参与表决，其表决权不计入表决权总数。出席董事会会议的无关联关系董事人数不足三人的，应当将该事项提交股东会审议（见新公司法第一百八十五条）。关联交易的决议出现在股东会时，关联股东也应当回避。

对于上市公司关联交易的表决程序，新公司法另外详加规定："上市公司董事与董事会会议决议事项所涉及的企业或者个人有关联关系的……有关联关系的董事不得对该项决议行使表决权，也不得代理其他董事行使表决权。该董事会会议由过半数的**无关联关系董事**出席即可举行，董事会会议所作决议须经无关联关系董事过半数通过。出席董事会会议的无关联关系董事人数不足三人的，应当将该事项提交上市公司股东会审议。"（见新公司法第一百三十九条）

以上内容都应依据新公司法，写入协议或章程。

协议或章程之中还可以约定违约条款，如股东违约时，除了对公司的赔偿责任之外，还应该对其余股东进行赔偿。

2. 同业竞争的限制与表决权回避条款

为了防止同业竞争，需要股东间约定同业限制条款。

有人经常搞错两个概念：同业限制和竞业禁止。

这两者有什么区别？

同业限制针对股东，竞业禁止针对公司雇员。如果员工和公司签署竞业禁止协议，公司要支付补偿金，且法律有最低标准。但股东之间签署同业限制和保密协议则不需要公司支付费用，因为属于股东的义务。

同业限制什么意思？我用案例说明。

| 案例 7-4 |

防止以合法手段达到非法目的

A有限公司有三个股东，为张三、李四、王五，三人分别占股70%、20%和10%。张三担任董事长，李四担任总经理。后来，张三、李四和王五发生矛盾。张三和李四，随即与赵六成立了B有限公司，占股比例依旧是70%、20%、10%。而B公司与A公司，不只经营范围和经营业务完全一致，连大客户都是同一批人。请问是否可以？

我们先看新公司法怎么写的。

第一百八十三条　董事、监事、高级管理人员，不得利用职务便利为自己或者他人谋取属于公司的商业机会。但是，有下列情形之一的除外：

（一）向董事会或者股东会报告，并按照公司章程的规定经董事会或者股东会决议通过；

（二）根据法律、行政法规或者公司章程的规定，公司不能利用该商业机会。

第一百八十四条　董事、监事、高级管理人员未向董事会或者股东会报告，并按照公司章程的规定经董事会或者股东会决议通过，不得自营或者为他人经营与其任职公司同类的业务。

我阐述如下。

第一，同业限制的规范主体是谁？董事、监事及高管。老公司法仅规定了董事和高管的同业限制义务，新公司法把监事也列入了约束范畴。但如果张三和李四辞掉了董事长和总经理职位，并聘请他人担任董事长和总经理，而两人背后操纵，是否违反公司法的同业限制义务？

第二，董事、监事、高管，不能自营或为他人经营其任职公司同类业务，但说的是没有"按照公司章程的规定经董事会或者股东会决议通过"。若张三和李四召开临时股东会会议，并以两人合起来90%的表决权表决通过张三和李四投资设立B公司，是否违反公司法？

先回答第二个问题。

即便召开股东会会议，张三和李四两人以90%的表决权表决通过，两人也不准设立B公司。原先老公司法只规定了对外担保的表决权回避制度，但新公司法除了对外担保，也将同业限制列入表决权回避范围之内。因此，对于是否设立B公司，张三和李四作为关联人无表决权利。（新公司法第一百八十五条规定："董事会对本法第一百八十二条至第一百八十四条规定的事项决议时，关联董事不得参与表决，其表决权不计入表决权总数。出席董事会会议的无关联关系董事人数不足三人的，应当将该事项提交股东会审议。"）

对于第一个问题，新公司法规定的董事、监事和高管不准同业限制，并没有扩大范围到前董事、监事、高管及董、监、高的代理人，因此，需要利益相关者在公司章程和股东协议中特别约定。

实战指引 7-2 ▶

如何约定表决权回避

（1）股东或实际控制人对外担保、同业竞争、关联交易时，其表决权回避。

（2）法律规定，给股东或实际控制人担保，关联方需要回避表决。(但给股东和实际控制人的其他公司担保是否要回避表决,新公司法并未规定,应在协议和章程中明确。)

(3)除名股东的表决权回避。

(4)关联交易主体的表决权回避。

(5)拟作为激励对象的董事和管理董事回避表决相关事项。

(6)有关股东董事、股东监事、股东高管的薪酬事项,其表决权回避。

(7)兜底条款,"其他可能利用公司表决权优势侵害公司或者股东利益的情况",相关人员的表决权回避。

3. 防范大股东侵占公司资产及公司资金管理

防范违规担保

民营企业最经常出现的公司治理问题就是违规担保,实务中,这也往往是大股东侵犯小股东权益的"重灾区"。

什么是违规担保?

违规担保是指未经公司相关权力机构的同意,股东或实际控制人擅自以公司对外担保。

新公司法对于公司担保的条款是第十五条和第一百三十五条。我先列出内容,继而解读。

第十五条 公司向其他企业投资或者为他人提供担保,按照公司章程的规定，由董事会或者股东会决议；公司章程对投资或者担保的总额及单项投资或者担保的数额有限额规定的，不得超过规定的限额。

公司为公司股东或者实际控制人提供担保的，应当经股东会决议。

前款规定的股东或者受前款规定的实际控制人支配的股东，不得参加前款规定事项的表决。该项表决由出席会议的其他股东所持表决权的过半数通过。

第一百三十五条　上市公司在一年内购买、出售重大资产或者向他人提供担保的金额超过公司资产总额百分之三十的，应当由股东会作出决议，并经出席会议的股东所持表决权的三分之二以上通过。

第一，担保需要过会，即担保必须经过相应会议的批准，否则违反公司法。那么，需要过哪个会？担保分为关联担保和非关联担保，关联担保是给公司股东或者实际控制人做担保。对于非关联担保，既可股东会通过，也可董事会通过，具体由哪个会通过，根据公司章程的规定。但现实中，多数公司的章程中都没有相关规定。至于关联担保，一律由股东会通过。

第二，担保实行表决权回避制度。什么意思呢？举例说明：A公司给自己的大股东做担保，而大股东占67%的表决权，股东会会议上，他以67%的表决权通过表决，是否可以担保？不可以。大股东作为该担保事项的关联方，不具备表决权，需要剩余33%表决权过半数通过才可以。

第三，公司章程对投资或者担保的总额及单项投资或者担保的数额，是允许有限额规定的。对于上市公司，新公司法有明确规定，见第一百三十五条。

违规担保有效吗?

民法典第五百零四条规定：

法人的法定代表人或者非法人组织的负责人超越权限订立的合同，除相对人知道或者应当知道其超越权限外，该代表行为有效，订立的合同对法人或者非法人组织发生效力。

民法典担保制度解释第七条写得更明白：

公司的法定代表人违反公司法关于公司对外担保决议程序的规定，超越权限代表公司与相对人订立担保合同，人民法院应当依照民法典第六十一条和第五百零四条等规定处理：

（一）相对人善意的，担保合同对公司发生效力；相对人请求公司承担担保责任的，人民法院应予支持。

（二）相对人非善意的，担保合同对公司不发生效力；相对人请求公司承担赔偿责任的，参照适用本解释第十七条的有关规定。

法定代表人超越权限提供担保造成公司损失，公司请求法定代表人承担赔偿责任的，人民法院应予支持。

第一款所称善意，是指相对人在订立担保合同时不知道且不应当知道法定代表人超越权限。相对人有证据证明已对公司决议进行了合理审查，人民法院应当认定其构成善意，但是公司有证据证明相对人知道或者应当知道决议系伪造、变造的除外。

第一，有效没效要看资金提供者（相对人）是不是善意第三方。

第二，如何界定"善意第三方"？关键在于资金提供者（相对人）是否尽到了合理的审查义务。这要求相对人在提供资金前，仔细核查该公司的股东会、董事会关于担保的会议决议内容、会议决议的通过比例等文件。对于有限公司，还要进一步审查公司章程，确定管辖权范围。若公司的决议和签字是伪造的，该担保是否有效？相对人只要进行了"形式审查"，也就是相对人按照常规程序进行了审查，且未发现明显瑕疵，即便文件后来被证实为伪造，也不应归咎于相对人，伪造行为的责任应完全由伪造方承担。

第三，相对人不构成善意需要承担过失责任。

第四，除了以上内容，还有一些其他规定。首先，公司为其全资子公司开展经营活动提供担保，等于公司为自身业务提供担保，不属于为他人提供担保。因此，该项担保由公司自行决定，不需要经过股东会、董事会等权力机构、决策机构同意。（民法典担保制度解释第八条。）其次，一人有限责任公司（新公司法中的"一个股东的公司"）为其股东提供担保的，无论是否遵循了内部决策程序，该担保均视为有效，公司需要承担相应的担保责任。同时，一人有限责任公司提供担保时的股东，不能证明公司财产独立于自己的财产，公司因承担担保责任导致无法清偿其他债务，该股东应该承担连带责任。（民法典担保制度解释第十条。）因此，一人有限责任公司的担保风险，需要股东警惕！

协议和章程如何约定？

第一，担保属于股东会还是董事会的管辖范围，需在协议和章程中明确。

第二，担保有表决权回避制度，但法律规定的是给股东或实际控制人担保的关联担保，表决权回避，并未规定给股东或实际控制人自己的公司或者参股的公司担保属于关联担保，并需要表决权回避。所以，对于公司为其股东或者实际控制人其他关联公司、控股公司及参股公司提供担保，股东、实际控制人与被担保公司的控股股东系亲兄弟关系等情况，需要在协议和章程中约定表决权回避。

第三，可以在股东协议和公司章程中，对投资或者担保的总额及单项投资或者担保的数额约定上限。新公司法第一百三十五条关于上市公司的规定，有限公司可以借鉴。

第四，针对大股东假做小股东，如占股2%，却以一致行动人协议捆绑其他如占股49%的股东，隐性控制公司的情况，可以进一步约定，关联担保除了表决权回避以外，还要其他股东全体同意。

第五，公司可以为其全资子公司提供担保，债权人即使未审查公司机关决议，亦不影响担保合同效力。因此需要防范公司实际控制人、大股东操纵公司，给全资子公司做担保，损害母公司其他股东利益。例如，对此可以约定，母公司担保总额不能超过公司净资产的多少及不准为子公司提供担保。该内容若写入公司章程，需要同时约定，修改公司章程的该内容，需要100%股东表决通过。

以上内容，先写入协议，后移入章程。

防范大股东占用公司资产

防范大股东占用公司资产，可以使用占用即冻结机制。该机制用于防止大股东、董事会、监事会及其他约定方或个人，以不法手段占用公司资金和资产。

| 案例 7-5 |

"占用即冻结机制条款"举例

某上市公司：

"公司董事会建立对股东所占股份'占用即冻结机制'，即发现股东或者其关联方占用或挪用公司资金、资产及其他资源，应立即申请司法冻结股东本人、股东的关联方所对应股东所持公司股份，凡不能以现金清偿的，应通过变卖其股权偿还侵占资产。"

某央企：

"公司董事会建立对控股股东所持公司股份'占用即冻结机制'，即发现控股股东侵占公司资产时，公司董事会、监事会应立即以公司的名义对控股股东侵占的公司资产及其所持公司股份申请司法冻结，凡不能以现金清偿的，通过变现其股权偿还侵占的资产。"

"占用即冻结机制"的约定条款，主要针对公司控股大股东或实际控制人，但控股股东往往会采用种种方式规避该条款的限制，例如，大股东将股权转让给看似无关联的个人，而私下又与该人签订了一致行动人协议。为了确保条款的约束力和完整性，往往需要在条款中明确界定一致行动人、实际控制人的概念。

对外投资的管理

对于公司假借对外投资之名，实则侵犯股东和债权人利益的行为，合作股东应该警惕，并提前做好限制性规定。

第一，投资对象限制。比如，大股东的关联方（亲属、朋友、老乡、商会）、大股东所在的公司。

第二，对外投资数额的限制。比如，对外投资的总额不得超过公司净资产的百分之三十。

除此之外，还有些隐性风险，股东不可不察，比如交叉占股。

什么是交叉占股？

简而言之，母公司持有子公司股份，子公司再反过来持有母公司股份。

| 案例 7-6 |

注意交叉占股的虚增注册资本风险

王五设立 A 有限公司，注册资本为 5000 万元。王五继而又设立 B 有限公司，注册资本同样为 5000 万元。B 公司的 5000 万元注册资本中有 3000 万元来自 A 公司，A 公司占股 60%。投资人李四出资 2000 万元，占股 40%。B 公司成立不久，王五又让 B 公司反向购买母公司 A 公司 60% 的股份，平价转让，将 3000 万元资本金打回母公司 A 公司，即子公司又买了母公司 60% 的股份。于是，母公司注册子公司的 3000 万元资本金，通过子公司购买母公司股份的方式，又回到了母公司。也就是王五未出资，却占了 B 公司 60% 的股份。

这样的程序还可以继续进行下去，B 公司又成立 C 公司，注册资本为 5000 万元，B 公司占 60% 的股份，然后，又找了投资人赵六，出资 40%……

这类控股方式，名为交叉占股，将导致虚增注册资本，因为同一笔资金在两家公司之间来回流动，导致公司的资本金增加，而净资产未增加。这种做法可能侵害债权人利益，因而遭到很多国家禁止，但我国对于交叉占股并没有禁止性规定，只规定证券公司及上市公司不允许子公司持有母公司股份。(《证券公司设立子公司试行规定》第十条规定："子公司不得直接或者间接持有其控股股东、受同一证券公司控股的其他子公司的股权或股份，或者以其他方式向其控股股东、受同一证券公司控股的其他子公司投资。"新公司法第一百四十一条规定，上市公司控股子公司不得取得该上市公司的股份。上市公司控股子公司因公司合并、质权行使等原因持有上市公司股份的，不得行使所持股份对应的表决权，并应当及时处分相关上市公司股份。)

因此，协议及章程应该明确是否允许交叉占股，允许的话，可以到达什么程度，以及是否允许兄弟公司横向占股，允许的话，可以到达什么程度。

借贷的管理

公司的借贷行为属于正常的商业活动，然而违规借贷却容易让公司陷入资金风险的困境，特别是公司违规向自身的董事、监事及高级管理人员提供借款。

老公司法第一百四十八条规定，董事、高级管理人员不得有下列行为……（三）违反公司章程的规定，未经股东会、股东大会或者董事会同意，将公司资金借贷给他人或者以公司财产为他人提供担保。

这一条翻过来讲，意思就是：公司董事、高管需要根据公司章程的规定，以及经股东会、董事会同意，将公司资金借贷给他人或为他人提供担保（这个"他人"，也涵盖公司内部成员）。但这一条，新公司法已经取消，仅在第一百六十三条规定：

公司不得为他人取得本公司或者其母公司的股份提供赠与、借款、担保以及其他财务资助，公司实施员工持股计划的除外。

为公司利益，经股东会决议，或者董事会按照公司章程或者股东会的授权作出决议，公司可以为他人取得本公司或者其母公司的股份提供财务资助，但财务资助的累计总额不得超过已发行股本总额的百分之十。董事会作出决议应当经全体董事的三分之二以上通过。

违反前两款规定，给公司造成损失的，负有责任的董事、监事、高级管理人员应当承担赔偿责任。

我建议股东之间自行约定：公司将资金借贷给控股股东、实际控制人、董事、监事、高管，应参照新公司法中关于关联交易的规定，依据公司章程规定，经过股东会、董事会决议，方可实施。而不仅仅是"董事会作出决议应当经全体董事的三分之二以上通过"。

7.1.4 三会运作条款

7.1.4.1 关于法定代表人的约定

1. 区分"独立法人""法定代表人""法人代表"

这三个概念，意思并不一样，不要混淆。独立法人指的是公司本身，公司是法律拟定的"人"，拥有独立的法律地位和财产权，但法律拟定的"人"毕竟不是自然人，不会说话，因此需要有一个自然人代表它说话，这个自然人就是"法定代表人"，法律术语为"表意机关"。公司得通过"表意机关"来实现其行为能力。"法人代表"与"法定代表人"不同，"法定代表人"不需要公司特别授权，即可对外独立代表公司这个"法人"，但"法人代表"不管是机关还是个人，都需要公司的再授权，方能代表公司。法定代表人对外可以代表公司进行活动，例如，代表公司参与诉讼，进行交易等。然而，在公司内部，法定代表人并不拥有决策权和管理权。那谁负责内部的决策和管理？通常由董事会负责，没有董事会实际执行公司事务的，由董事负责。现实中，该实际执行公司事务的董事往往同时兼任法定代表人，内外兼顾，控制公司。

2. 法定代表人的法律风险

很多企业家对担任法定代表人颇为忌讳。我的一个助理和我说了他们村里的一个事例。他们村里的几个年轻人开了个公司，专门开采沙子，而沙子作为国土资源，未经许可不得擅自开采，他们明白该行为存在法律风险，于是让村里的一位孤寡老人代替他们做公司的法定代表人。结局可想而知，这位老人难免要付出一点儿代价。当然，该案例中，老人无须承担刑事责任，然而，也有一些不能免除的责任。以民事责任为例，公司因违法违规行为被列入黑名单，作为公司的法定代表人，老人的个人信誉和名誉也将因此受损，甚至被一同列入黑名单，随之而来的将是限制高消费、限制出境等。我在给某央企上课时，也听到了一个事例。该企业的一位领导在升职之前的资格审查中意外发现自己成了成都一家公司的法定代表人，而该公司信用不良，欠了一屁股债。经过一番回忆，他想起曾在成都不慎遗失过身份证。事情发生后，他多次往返成都，甚至到法院起诉，但该公司始终不配合变更法定代表人。升职的事情也黄了。

还有更典型的案例。

王某辞任法定代表人案。2011年3月，王某接受某公司实际控制人聘请担任该公司的法定代表人，他于2011年5月从该公司离职，但该公司的法定代表人并未变更。2016年7月，王某要办旅游签证，结果发现自己被列入失信人黑名单，原因是该公司失信，他受到牵连。他与公司协商无果。2016年12月，王某起诉，要求注销其法定代表人职务。法院怎么说？根据法律规定，变更公司法定代表人应当先由公司股东会作出决议，再向工商部门办理变更登记，法院不能强制公司作出决议变更法定代表人。一审裁定：对王某的起诉不予受理。2019年，王某就不予受理裁定上诉，二审裁定：驳回上诉，维持原裁定。2020年，王某向最高人民法院申请再审，最高人民法院撤销两审裁定，裁定一审法院立案受理。

3. 法定代表人不受控制的风险更大

由于法定代表人具有代表公司对外行事的权利，因此，法定代表人行为失控或未经适当的约束，所带来的风险一样很大。民法典第六十一条和第六十二条规定："法定代表人以法人名义从事的民事活动，其法律后果由法人承担。"新公司法第十一条规定："法定代表人以公司名义从事的民事活动，其法律后果由公司承受。……法定代表人因执行职务造成他人损害的，由公司承担民事责任。公司承担民事责任后，依照法律或者公司章程的规定，可以向有过错的法定代表人追偿。"

4. 关于法定代表人，新公司法改了什么

首先，新公司法对于谁能担任法定代表人进行了修改，老公司法写了三类人能当法定代表人：执行董事、董事长和经理（即总经理）。新公司法写的是"由代表公司执行公司事务的董事或者经理担任"。新公司法中没有执行董事这个称呼了，经理就是指总经理。但不管是董事还是总经理，前提是执行公司事务。此外，新公司法第十条还增加了关于法定代表人辞任的规定："担任法定代表人的董事或者经理

辞任的，视为同时辞去法定代表人。法定代表人辞任的，公司应当在法定代表人辞任之日起三十日内确定新的法定代表人。"

其次，新公司法解决了公司换新法定代表人，老法定代表人不配合的问题。

原先公司换法定代表人，变更法定代表人的申请书上需要原法定代表人签字。原法定代表人不配合签字，公司不能强制。后来，《企业法人法定代表人登记管理规定》第六条规定，变更登记申请书既可以由原法定代表人签字，也可以由拟任法定代表人签字。老法定代表人不签字，新法定代表人签字也可以。新公司法将这一条吸收进去了。

5. 股东需要根据新公司法自行约定的内容

协议和章程可以对法定代表人进一步约定。

第一，对于法定代表人的变更，应明确是由股东会还是董事会负责表决。若决定由股东会进行表决，还需进一步确定更换法定代表人所需的表决权比例是过三分之二还是过半数。很多企业的章程并未对此做出明确规定，这导致一个问题：需要更换法定代表人的时候，先要确定更换法定代表人的权利属于股东会还是董事会，继而导致需要先修改公司章程，修改章程又需要过三分之二表决权通过，持股不足的股东将无法修改章程，导致无法更换法定代表人。

第二，法定代表人具有代表公司对外签署合同的权利，《最高人民法院关于适用〈中华人民共和国民法典〉合同编通则若干问题的解释》第二十二条规定:"合同系以法人、非法人组织的名义订立,但是仅有法定代表人、负责人或者工作人员签名或者按指印而未加盖法人、非法人组织的印章,相对人能够证明法定代表人、负责人或者工作人员在订立合同时未超越权限的,人民法院应当认定合同对法人、非法人组织发生效力。但是,当事人约定以加盖印章作为合同成立条件的除外。"因此,若公司希望限制法定代表人的权限,应在公司章程中明确说明。例如,可以约定,公司对外签署合同必须同时具备法定代表人签字和公司公章。

第三,公司章程中对于法定代表人的指定通常只是照抄公司法的原文,较为简单。但担任法定代表人的董事出了意外怎么办?董事长不履行职责怎么办?董事长兼法定代表人,但该董事长忽然被司法羁押或者死亡了,企业又该如何应对?我国的一些中小企业,实控人一出问题,公司运营随之陷入困境。尤其是家族企业,核心人物一旦离世,成员只顾着争夺公司权力。为避免以上情况,企业应未雨绸缪,如约定:董事长无法履职,副董事长接任,副董事长无法履职,由总经理接任等。同时,还应对"不履职"或者"无法履职"做出定义。确保企业在面临突发状况时,能够迅速、有序地进行权力交接,保障企业的稳定运营。

第四,法定代表人有权利代表公司对外缔约,但有两类情况例外，一是对外担保，二是章程例外规定的情形。但你需要注意，尽管法律规定法定代表人不能对外担保，但未规定法定代表人不能对外借款，这可能导致法定代表人借款，而公司承担还款责任。所以股东可以事先达成协议，并在公司章程中明确：法定代表人未经公司股东会或者董事会同意，不得擅自以公司名义对外借款。

第五，若法定代表人具有可控性和可信度，章程可以明确：当法定代表人签字和公司印鉴发生冲突，以法定代表人签字为准。该内容旨在应对公司的印鉴被股东或者经营层侵占的情况。印鉴一旦被侵占，公司有权向法院提起诉讼，要求股东或经营层返还公司印鉴。但起诉公章等印鉴返还属于公司行为，要由公司提起诉讼，而公司起诉，签署诉讼文件需要加盖公章，这就陷入了死循环。但章程若已包含上述规定，则法定代表人签字即具有法律效力。

7.1.4.2 关于公司治理结构的一些思考

治理结构单层制和双层制并立。

新公司法对于公司的治理结构有了新的规定。

治理结构狭义来说，主要由"三会一层"组成，"三会"就是股东会、董事会和监事会，"一层"指的就是经营层。（根据公司法，经营层，也就是高管层是四个人：经理，通常称为总经理；副经理，即副总经理；财务总监，国企通常称为总会计师；上市公司董事会秘书，注意，是董事会秘书，不是董事长秘书。上市公司的董事会秘书才列入高管，非上市公司的董事会秘书不列入高管，除非公司章程另外规定。）

我国公司的治理结构，学的是两个路子。一个是英、美的路子，公司设股东会和董事会，董事会设独立董事，但不设监事会。另一个是德、日的路子，董事会不设独立董事，但设监事会。从英、美那里学到了设独立董事，又从德、日那里学来了设监事会。既设董事会（或设执行董事一人），又设监事会（或设监事一人），我称之为双层架构。只有董事会而不设监事会（或只有一个董事而没有监事），我称之为单层架构。

按照老公司法的规定，哪怕是小规模的有限公司，可以不设董事会，也要设执行董事一人，不设监事会。但要设监事一人，监事和执行董事实际上等于一个人就是一个"会"。

新公司法第六十九条、第七十五条、第七十六条、第八十三条、第一百二十一、第一百二十六、第一百三十三条，关于治理机构设置的问题，有了大幅更改：

第一，一家公司可以选择设立单层治理结构，即只设董事会，不设监事会。或者不设董事会和监事会，只设董事一人。但有一定规模的公司不设监事会，需要在董事会下面设审计委员会。

第二，一家公司也可以选择设立双层治理结构，就是设董事会及监事会，或者不设董事会和监事会的，设董事一人和监事一人。

第三,三会及审计委员会都设，我称之为混合结构。

具体看表 7-2。

表 7-2 新公司法的治理结构框架

有限责任公司		股份有限公司	
规模小股东少	设董事一名即可，不需要设董事会 经全体股东同意，可不设董事会之审计委员会，也可不设监事	规模小股东少（非上市）	可以不设董事会，设一名董事，可以不设监事会，但需设一名监事
非小规模	正常三会结构；章程规定董事会中审计委员会，可不设监事和监事	非小规模	可以按照公司章程的规定，董事会中设置由董事组成的审计委员会，行使监事会的职权。可以不设监事会或者监事。审计委员会成员三人以上，过半数为专职董事

确立董事会中心主义。

本轮公司法的修订要点之一为"董事会中心主义"，也就是董事会处于公司治理的核心地位，公司的经营管理权回归董事会。从哪里可以看出来？

第一，关于股东会的职权内容，新公司法删除了两条（第三十七条）："决定公司的经营方针和投资计划"和"审议批准公司的年度财务预算、决算方案"。"审议批准公司的年度财务预算、决算方案"

这一条稍后再说,"决定公司的经营方针和投资计划"这一条的职权在股东会范围内删除了,但是董事会的职权中该条予以保留。

第二,在董事会职权的表述上,老公司法规定"董事会对股东会负责",新公司法删除该句。那么,董事会不对股东会负责,对谁负责?我认为是对公司负责。

第三,"审议批准公司的年度财务预算、决算方案",这一条不管是股东会还是董事会的职权条款之中,统统消失了。那谁来负责财务预算、决算这一项职权?公司的经营管理权归属于董事会,那么这一项工作内容既可以由董事会负责,也可以由董事会交给经营层,由经营层负责,比如总经理。在公司章程中自定。

第四,总经理的职权不再列举。新公司法第七十四条和第一百二十六条分别对有限责任公司和股份有限公司的经理的职权做了规定:"经理对董事会负责,根据公司章程的规定或者董事会的授权行使职权。经理列席董事会会议。"该条意味着,经过董事会的授权,总经理的职权范围反而可以更大。

7.1.5 解散条款

解散和清算的区别

公司解散是企业法人消失的原因,解散过程中企业法人还未消失，但不能从事营业活动，而只能从事清算活动。清算指公司解散后，清算公司债权债务，分配剩余财产。之后注销登记，申请法人主体消失。

公司法规定的解散情形

关于解散的原因，新公司法第二百二十九条规定如下：

公司因下列原因解散：

（一）公司章程规定的营业期限届满或者公司章程规定的其他解散事由出现；

（二）股东会决议解散；

（三）因公司合并或者分立需要解散；

（四）依法被吊销营业执照、责令关闭或者被撤销；

（五）人民法院依照本法第二百三十一条的规定予以解散。

自行约定的解散情形

除了法定解散情形，股东还应当自行约定其他解散情形，作为退出的触发条件。

举例：

（1）股东提出行使知情权 30 日内，公司拒不满足股东知情权要求的，股东有权请求人民法院解散公司。

（2）公司连续三年盈利，符合法定分红条件，小股东要求分红的提案连续两次不予通过，股东有权请求人民法院解散公司。

（3）大股东利用表决权优势长期将小股东排挤在公司管理层之外，小股东有权请求人民法院解散公司。

7.2 公司章程的约定重点

上一节重点讨论了股东协议中的注意事项和约定条款，其中许多条款可整合进公司章程，因此，股东协议可以视为公司章程的初步约定。股东之间首先要在协议上协调和明确各方的权利义务关系，更进一步，还应明确公司的治理结构、股权转让、合并分立、利润分配等重要事项。协商一致后，协议的主体内容可以纳入公司章程。公司章程与股东协议之间应当具备连贯性和一致性。

但股东协议和公司章程也有区别。

首先，公司章程和股东协议的核心区别在于法律依据不同，股东协议遵循民法典合同编的规定，而公司章程无论是制定还是修改，必须依照公司法的规定。正因为如此，实务中争议较大的股东约定，更适宜写入股东协议，而非公司章程。其次，股东协议主要为公司发起人之间的内部约定，它约束签署协议的各方。相比之下，公司章程对于公司、股东、董事、监事和高管均具备法律约束力，适用范围更广。因此，我讲课的时候经常对高管讲，不要误以为章程仅仅针对公司股东。作为高管，如果不熟悉公司章程，同样不够专业，很多公司对于高管的约束和处罚条款，往往未写在劳动合同之中，而是依据公司法的规定，列入了公司章程。

另外，如何按照公司法的规定制定和修改章程？公司设立时候的章程，称为原始章程。对于有限公司，原始章程应当由全体设立股东共同制定，并且每位股东应当在公司章程上签名或盖章（第四十六条）。而对于股份公司，公司原始章程应当由全体发起人共同制定（第九十四条），并且应当经出席会议的认股人所持表决权过半数通过（第一百零四条）。

修改公司章程需要过三分之二表决权通过。另外，有些内容若写入公司章程，过三分之二表决权通过也无法修改。比如，有限公司不按照实缴比例分配利润，需要 100% 股东同意。

公司章程的内容分为绝对记载事项、相对记载事项和任意记载事项，三类内容的修改方式不同。

7.2.1　绝对记载事项

绝对记载事项，也可以称为强制性记载事项。绝对记载事项有以下特征：第一，是公司章程中不可或缺的关键要素，构成了公司章程的核心内容，一旦缺失，将导致公司章程效力缺失。第二，绝对记载事项的内容股东不得修改，改了也没用，因为违反公司法，表述方式一般伴有以下字眼：必须、应当、不得。

实战指引 7-3 ▶

有限责任公司及股份有限公司的绝对记载事项举例

有限责任公司章程的绝对记载事项

新公司法第四十六条的前七项

（1）公司名称和住所。

住所和住所地是两个概念。公司注册地址才称为住所。

（2）公司经营范围。

公司的经营范围，就是所能从事生意的范围。超出核准登记的经营范围或者经营方式从事经营活动的，视其情节轻重，予以警告，没收非法所得，处以非法所得额 3 倍以下的罚款，但最高不超过 3 万元，没有非法所得的，处以 1 万元以下的罚款。同时违反国家其他有关规定，从事非法经营的，责令停业整顿，没收非法所得，处以非法所得额 3 倍以下的罚款，但最高不超过 3 万元，没有非法所得的，处以 1 万元以下的罚款；情节严重的，吊销营业执照（企业法人登记管理条例施行细则）。

（3）公司注册资本。

不管是货币出资还是非货币出资，最终公司注册资本都要体现为货币价值。同时注册资本也是公司股东的"有限责任"所在，简而言之，认缴或实缴注册资本多少，股东责任是多少。

（4）股东姓名或者名称。

股东既可以是自然人，也可以是公司法人，甚至企业法人或非法人机构。

（5）股东的出资额、出资方式和出资日期。

（6）公司的机构及其产生办法、职权、议事规则。

（7）公司法定代表人产生、变更办法。

股份有限公司章程的绝对记载事项

新公司法第九十五条的前十二项

（1）公司名称和住所。

（2）公司经营范围。

（3）公司设立方式。

股份公司设立方式有发起设立和募集设立两种，但通常是发起设立，即发起之初，所有发起人认购公司全部股份。募集设立则在设立之初，发起人只认购部分股本，其余股本允许向特定对象募集或向社会公开募集。募集设立需要相关部门特别批准。

（4）公司注册资本、已发行的股份数和设立时发行的股份数，面额股的每股金额。

（5）发行类别股的，每一类别股的股份数及其权利和义务。

类别股，公众公司指的是优先股，非上市股份公司指的是一股多表决权的股份和优先股。

（6）发起人的姓名或者名称、认购的股份数、出资方式。

（7）董事会的组成、职权和议事规则。

（8）公司法定代表人的产生、变更办法。

（9）监事会的组成、职权和议事规则。

（10）公司利润分配办法。

（11）公司的解散事由与清算办法。

（12）公司的通知和公告办法。

另外，新公司法第四十六条和第九十五条的最后一项都是"股东会认为需要规定的其他事项"，这一项属于任意记载事项，但具有强制性的效果。

7.2.2 相对记载事项

相对记载事项，也称为建议性记载事项，章程约定则具备法律效力。该类内容在公司法中的用语往往是"应当……但公司章程另有规定的除外"。

最典型的为有限公司股权优先购买权。

第八十四条 （有限公司）股东向股东以外的人转让股权的，应当将股权转让的数量、价格、支付方式和期限等事项书面通知其他股东，其他股东在同等条件下有优先购买权……公司章程对股权转让另有规定的，从其规定。

该类内容，公司法中虽有，章程也往往纳入，但股东如果认为没必要，可以通过约定予以免除。比如在章程中约定：公司实施股权激励的时候，全体股东必须放弃优先购买权。

7.2.3 任意记载事项

任意记载事项的解释简单讲就是：股东自由协商约定的事项。

比如我见过这样一家公司，大股东占股70%，二股东占股30%，后来大股东夫妻俩出现婚姻问题，两个人离婚，公司股东从两个人变成了三个人。但是由于女方怨恨男方，股东会会议往往开成控诉大会，甚至多次在会议当中发生女方追打男方的事情。最后在小股东的严肃提议下，股东会表决通过修改公司章程。公司章程规定，股东会会议上谁如果再出现殴打他人、扰乱股东会会议秩序等情况，罚款10万元人民币。

当然，股东之间的任意约定事项要有边界，不能胡乱约定。我曾见过一个章程，可谓我见过的最可笑的章程之一，该章程中约定公司所有负债由法定代表人承担，大家由此可以知道，这家公司的实际控制人一定不是法定代表人。这样的协议有效吗？肯定无效。

股东之间，任意约定事项的边界在哪里？

第一，股东的法定权利不能剥夺。比如，公司法规定股东可以查阅公司会计账簿、会计凭证，但大股东擅自修改章程，毫无理由地不允许股东查阅公司会计账簿、会计凭证，这属于侵犯知情权。

第二，章程的内容要有利于股东权利的行使。比如前面的案例中，小股东想要了解公司经营真实情况，却发现连股东会会议和董事会会议都无法召集起来。那么除了会议召集以外，可以专门约定每个月或每两个月的最后一周周五，召开职业经理人专门回答股东经营情况的"见面会"。

那到底什么是股东之间的任意约定事项呢？大家可以看一下表7-3。

表7-3 新公司法允许公司章程任意约定的事项

主要内容	适用对象	法条
公司的营业期限	有限责任公司 股份有限公司	第八十九条第一款第（三）项 第一百六十一条第一款第（三）项 第二百二十九条第一款第（一）项
公司法定代表人的选择范围、职权限制范围及侵权责任追偿	有限责任公司 股份有限公司	第十条第一款 第十一条第二款、第三款
发起设立股份公司成立大会的召开和表决程序	股份有限公司	第一百零三条第二款

(续)

主要内容	适用对象	法条
股东会、董事会、监事会会议召开及表决方式 股东会、董事会会议召集程序及表决方式	有限责任公司 股份有限公司	第二十四条 第二十六条第一款
公司股东会、董事会通过决议所需的出席会议人数、同意决议事项的人数或所持表决权数	有限责任公司 股份有限公司	第二十七条第（三）(四)项
股东会法定之外的职权	有限责任公司 股份有限公司	第五十九条第一款第（九）项 第一百一十二条第一款
股东会定期会议召开的次数和时间、通知时限、表决方式、议事方式和表决程序	有限责任公司	第六十二条第二款 第六十四条第一款 第六十五条 第六十六条第一款
临时股东会召开的其他情形 股东会选举董事、监事是否实行累积投票制	股份有限公司	第一百一十三条第（六）项 第一百一十七条第一款
公司是否设董事会	有限责任公司 股份有限公司	第七十五条 第一百二十八条
董事会法定之外的职权	有限责任公司 股份有限公司	第六十七条第二款第（十）项 第一百二十条第二款
董事会职权限制	有限责任公司 股份有限公司	第六十七条第三款 第一百二十条第二款
董事会是否设副董事长	有限责任公司 股份有限公司 国家出资公司	第六十八条第二款 第一百二十二条第一款 第一百七十三条
董事长、副董事长的产生办法	有限责任公司	第六十八条第二款
董事会成员的人数 董事会成员中职工代表的设置及产生办法	有限责任公司 股份有限公司	第六十八条第一款 第一百二十条第一款
董事会中审计委员会的设置 董事会审计委员会成员中职工代表的设置	有限责任公司 股份有限公司	第六十九条 第一百二十一条第一款和第二款

(续)

主要内容	适用对象	法条
董事会审计委员会成员的人数 董事会中其他委员会的设置 董事会审计委员会的议事方式和表决程序	股份有限公司	第一百二十一条第二款 第一百二十一条第六款 第一百二十一条第五款
董事任期	有限责任公司 股份有限公司	第七十条第一款 第一百二十条第二款
董事任期届满或辞任后董事职务履行	有限责任公司 股份有限公司	第七十条第二款 第一百二十条第二款
董事会议事方式和表决程序	有限责任公司	第七十三条第一款
董事会每年召开会议次数	股份有限公司	第一百二十三条第一款
召集董事会会议的通知方式和通知时限	股份有限公司	第一百二十三条
公司经理的设置	有限责任公司	第七十四条第一款
公司经理的职权	有限责任公司 股份有限公司	第七十四条第二款 第一百二十六条第二款
董事是否兼任经理	有限责任公司 股份有限公司 国有独资公司	第七十五条 第一百二十八条 第一百七十四条第二款
是否设监事会或监事	有限责任公司 股份有限公司	第六十九条 第八十三条 第一百二十一条第一款
是否设监事会副主席	股份有限公司	第一百三十条第三款
监事会成员人数	有限责任公司 股份有限公司	第七十六条第二款 第一百三十条第二款
监事会成员中职工代表设置及产生办法	有限责任公司 股份有限公司	第七十六条第二款 第一百三十条第二款
监事任期届满或辞任后监事职务履行	有限责任公司 股份有限公司	第七十七条第二款 第一百三十条第五款
监事会法定之外的职权	有限责任公司 股份有限公司	第七十八条第（七）项 第一百三十一条第一款
监事会议事方式和表决程序	有限责任公司 股份有限公司	第八十一条第二款 第一百三十二条第二款

（续）

主要内容	适用对象	法条
监事会每年召开会议次数	有限责任公司 股份有限公司	第八十一条第一款 第一百三十二条第一款
监事会召集和主持股东会会议的情形	股份有限公司	第一百一十四条第二款
股权转让事项	有限责任公司	第八十四条第三款
股份转让限制	股份有限公司	第一百五十七条 第一百六十条第二款
股东资格继承	有限责任公司 股份有限公司	第九十条 第一百六十七条
要求查阅公司会计账簿、会计凭证的股东占股比例	股份有限公司	第一百一十条第二款
股份形式	股份有限公司	第一百四十二条第一款
股份形式的转换	股份有限公司	第一百四十二条第二款
类别股的发行	股份有限公司	第一百四十四条第一款
发行类别股公司的公司章程法定载明事项	股份有限公司	第一百四十五条
需经类别股股东会议决议的事项	股份有限公司	第一百四十六条第二款
董事会发行股份的决策权	股份有限公司	第一百五十二条第一款
公司回购股份的决策权	股份有限公司	第一百六十二条第一款
公司高管范围	有限责任公司 股份有限公司	第二百六十五条第（一）项
董、监、高及其近亲属、关联人与本公司订立合同或进行交易的限制	有限责任公司 股份有限公司	第一百八十二条
董、监、高利用职务便利谋取属于公司商业机会的限制	有限责任公司 股份有限公司	第一百八十三条
董、监、高的竞业限制	有限责任公司 股份有限公司	第一百八十四条
公司为他人取得本公司或其母公司的股份提供财务资助的决策权	股份有限公司	第一百六十三条第二款

(续)

主要内容	适用对象	法条
公司发行可转换为股票的公司债券的决策权	股份有限公司	第二百零二条第一款
公司向其他企业投资的决策权	有限责任公司 股份有限公司	第十五条第一款
公司为他人提供担保的决策权	有限责任公司 股份有限公司	第十五条第一款
公司向其他企业投资总额及单项投资数额的限额	有限责任公司 股份有限公司	第十五条第一款
公司为他人提供担保总额及单项担保数额的限额	有限责任公司 股份有限公司	第十五条第一款
公司将财务会计报告送交各股东的期限	有限责任公司	第二百零九条第一款
股东是否按出资比例或占股比例分配利润	有限责任公司 股份有限公司	第二百一十条第四款
公司聘用、解聘会计师事务所的决策权	有限责任公司 股份有限公司	第二百一十五条第一款
公司合并支付价款的决策权	有限责任公司 股份有限公司	第二百一十九条第二款
公司减资后股东出资额或股份的减少比例	有限责任公司 股份有限公司	第二百二十四条第三款
公司增加注册资本时股东的优先认缴权	有限责任公司	第二百二十七条第一款
公司为增加注册资本发行新股时股东的优先认购权	股份有限公司	第二百二十七条第二款
公司法未明确规定的公司解散事由	有限责任公司 股份有限公司	第二百二十九条第一款第（一）项
公司自行清算时清算组的组成	有限责任公司 股份有限公司	第二百三十二条第一款和第二款

表 7-3 中的内容是用法律语言表达的，可用通俗语言总结如下。

7.2.3.1 非上市公司的任意约定事项

（1）股东投票权特别安排：如一股多表决权、优先股；有限公司的股东甚至可以约定表决权为一人一票。

（2）股东股权特殊安排：如控股股东的同业限制义务；知识产权股东的股权转让限制；股权能否继承、继承程序及退出程序；限制性股票（例如，被激励对象必须工作5年以上，如果提前离职，大股东有权以原始价格回购其股权）；投资人的跟售权条款（投资人是因为公司有"高人"才投资的，如果"高人"转让股权，一走了之怎么办？章程中可以约定投资人与"高人"股权捆绑，共同出售）；股东离婚的夫妻股份处置。

（3）有限公司注册资本的认缴/实缴、实缴期限及出资方式。

（4）增和减股东会、董事会、监事会及经营层的职权。

（5）董事会、监事会的人员构成，候选人选的来源或不设监事会、监事。

（6）股东会、董事会议事规则：如通知方式、表决方式、时间、纪律（会议捣乱罚款，董、监、高必须出席会议）、议事方式（提高某些股东会表决事项的表决比例）。

（7）股东权利行使：如公司增资扩股，某位股东的优先认购权，某位股东的利润分配特殊设置。

（8）公司解散事由：如公司业绩不达标、融资超过期限、公司僵局、欺负小股东、股东违法犯罪。

（9）高管的范畴：除总经理、副总经理、财务总监、董事会秘书，其他人员是不是高管，由公司章程规定。国有企业，总法务一般列入高管序列。

（10）公司僵局、股东争议的解决方式。

（11）股权激励对象的进入、退出；所获股权转让及回购价格；监督、考核、惩罚等措施。

（12）聘请的外脑、独立董事的利益分配方案。

（13）大股东及其关联人及关联公司，违规抵押、担保、挪用公司资产的处罚和追责。

（14）公司遭遇收购的小股东权益保护；公司被投资、被收购后，公司业绩目标的设置；对赌协议的安排。

7.2.3.2　上市公司的任意约定事项

（1）上市公司的反收购措施，全面要约收购的比例、触发条件及制度安排。

（2）金色降落伞。

员工享有劳动合同提供的保障权利，员工因非个人原因被迫离职，公司应支付经济补偿金或经济赔偿金（经济补偿金，指的是员工劳动合同到期公司对员工的赔偿；经济赔偿金，指的是员工劳动合同未到期，提前被公司开除了，公司对员工的赔偿）。但关于董事、监事遭遇罢免的赔偿条款，法律却没有明确规定。然而，公司被并购之后，往往首先罢免原有董事、监事。对此，章程可以约定金色降落伞条款："非经股东会一致表决通过，股东会不得以任何理由强行罢免公司董事、监事；非因违反法律强制性规定，董事、监事在任期内被解聘或罢免的，董事、监事有权要求公司在30天之内一次性支付其年薪 N 倍的赔偿金。"除了董事、监事，高管同样适用金色降落伞条款。

（3）董事会下属委员会的设置（除薪酬绩效委员会、审计委员会、提名委员会、战略投资委员会之外，是否还设立其他委员会？比如企业创新委员会等）、轮值董事制度等。

财务知识轻松学

书号	定价	书名	作者	特点
71576	79	IPO 财务透视：注册制下的方法、重点和案例	叶金福	大华会计师事务所合伙人作品，基于辅导 IPO 公司的实务经验，针对 IPO 中最常问询的财务主题，给出明确可操作的财务解决思路
58925	49	从报表看舞弊：财务报表分析与风险识别	叶金福	从财务舞弊和盈余管理的角度，融合工作实务中的体会、总结和思考，提供全新的报表分析思维和方法，黄世忠、夏草、梁春、苗润生、徐珊推荐阅读
62368	79	一本书看透股权架构	李利威	126 张股权结构图，9 种可套用架构模型；挖出 38 个节税的点，避开 95 个法律的坑；蚂蚁金服、小米、华谊兄弟等 30 个真实案例
70557	89	一本书看透股权节税	李利威	零基础 50 个案例搞定股权税收
62606	79	财务诡计（原书第 4 版）	[美]施利特 等	畅销 25 年，告诉你如何通过财务报告发现会计造假和欺诈
70738	79	财务智慧：如何理解数字的真正含义（原书第 2 版）	[美]伯曼 等	畅销 15 年，经典名著；4 个维度，带你学会用财务术语交流，对财务数据提问，将财务信息用于工作
67215	89	财务报表分析与股票估值（第 2 版）	郭永清	源自上海国家会计学院内部讲义，估值方法经过资本市场验证
73993	79	从现金看财报	郭永清	源自上海国家会计学院内部讲义，带你以现金的视角，重新看财务报告
67559	79	500 强企业财务分析实务（第 2 版）	李燕翔	作者将其在外企工作期间积攒下的财务分析方法倾囊而授，被业界称为最实用的管理会计书
67063	89	财务报表阅读与信贷分析实务（第 2 版）	崔宏	重点介绍商业银行授信风险管理工作中如何使用和分析财务信息
58308	69	一本书看透信贷：信贷业务全流程深度剖析	何华平	作者长期从事信贷管理与风险模型开发，大量一手从业经验，结合法规、理论和实操融会贯通讲解
75289	89	信贷业务全流程实战：报表分析、风险评估与模型搭建	周艺博	融合了多家国际银行的信贷经验；完整、系统地介绍公司信贷思维框架和方法
75670	89	金融操作风险管理真经：来自全球知名银行的实践经验	[英]埃琳娜·皮科娃	花旗等顶尖银行操作风险实践经验
60011	99	一本书看透 IPO：注册制 IPO 全流程深度剖析	沈春晖	资深投资银行家沈春晖作品；全景式介绍注册制 IPO 全貌；大量方法、步骤和案例
65858	79	投行十讲	沈春晖	20 年的投行老兵，带你透彻了解"投行是什么"和"怎么干投行"；权威讲解注册制、新证券法对投行的影响
73881	89	成功 IPO：全面注册制企业上市实战	屠博	迅速了解注册制 IPO 的全景图，掌握 IPO 推进的过程管理工具和战略模型
77436	89	关键 IPO：成功上市的六大核心事项	张媛媛	来自事务所合伙人的 IPO 经验，六大实战策略，上市全程贴心护航
70094	129	李若山谈独立董事：对外懂事，对内独立	李若山	作者获评 2010 年度上市公司优秀独立董事；9 个案例深度复盘独董工作要领；既有怎样发挥独董价值的系统思考，还有独董如何自我保护的实践经验
74247	79	利润的 12 个定律（珍藏版）	史永翔	15 个行业冠军企业，亲身分享利润创造过程；带你重新理解客户、产品和销售方式
69051	79	华为财经密码	杨爱国 等	揭示华为财经管理的核心思想和商业逻辑
73113	89	估值的逻辑：思考与实战	陈玮	源于 3000 多篇投资复盘笔记，55 个真实案例描述价值判断标准，展示投资机构的估值思维和操作细节
62193	49	财务分析：挖掘数字背后的商业价值	吴坚	著名外企财务总监的工作日志和思考笔记；财务分析视角侧重于为管理决策提供支持；提供财务管理和分析决策工具
74895	79	数字驱动：如何做好财务分析和经营分析	刘冬	带你掌握构建企业财务与经营分析体系的方法
58302	49	财务报表解读：教你快速学会分析一家公司	续芹	26 家国内外上市公司财报分析案例，17 家相关竞争对手、同行业分析，遍及教育、房地产等 20 个行业；通俗易懂，有趣有用
77283	89	零基础学财务报表分析	袁敏	源自 MBA 班课程讲义；从通用目的、投资者、债权人、管理层等不同视角，分析和解读财务报表；内含适用于不同场景的分析工具